Lá Fhéile Míchíl

Eoghan Ó Tuairisc

Cló Iar-Chonnachta
Indreabhán
Conamara

An chéad chló, Clódhanna Teoranta 1967
An dara cló, Folens & a Chuid 1982
An tríú cló, Cló Iar-Chonnachta Teo. 2000

ISBN 1 902420 27 6

Don Chailín Bán

Clúdach: Eoghan Ó Tuairisc
Dearadh Clúdaigh: Johan Hofsteenge

Bord na Leabhar Gaeilge

Tugann Bord na Leabhar Gaeilge tacaíocht airgid do Chló Iar-Chonnachta

Faigheann Cló Iar-Chonnachta cabhair airgid ó

The Arts Council An Chomhairle Ealaíon

Priontáil: Clódóirí Lurgan, Indreabhán, Conamara
Fón: 091-593251/593157

DRAMATIS PERSONAE

AN MHÁTHAIR OIRMHINNEACH:	
	Mère Michele de Lattre-Tassigny
MÁISTREÁS NA NUASACHÁN:	
	An tSiúr Jeanne Marie
NUALA DE BÚRCA:	*Nuasachán sa Chlochar*
MAEISÍ NÍ MHUIREAGÁIN:	*Nuasachán eile*
AN SAGART MÓR:	*An tAthair Ó Conchúir*
AN SAGART ÓG:	*An tAthair Mac Gearailt*
EMMET DE BÚRCA:	*Captaen in Arm an tSaorstáit*
PACAÍ ARMSTRONG:	*Ceannfort Poblachtach*
MURTACH:	*An Garraíodóir*
AN TEACHTAIRE:	*Gan Ainm*

Musa mihi causas memora quo numine laeso—
Aeneid. I. 8.

LÁ FHÉILE MÍCHÍL

Léiríodh an dráma seo den chéad uair sa Lyric Theatre, Béal Feirste, 19ú Feabhra, 1963, ag Aisteoirí an Chumainn Ghaelaigh, Ollscoil na Ríona.

An Mháthair Oirmhinneach: ...	DEIRDRE NÍ FHRIGHIL
An Mháistreás:	ÁINE NÍ MHAOLÁIN
Nuala	ÁINE NÍ RIAIN
Maeisí	ISIBÉAL NÍ GHIOLLA RIABHAIGH
An Sagart Mór:	RISTEARD SKERETT
An Sagart Óg:	EOGHAN Ó CROMTHA
Emmet de Búrca:	ANRAOI Ó PREITH
Pacaí Armstrong:	PÁDRAIG MAC DUINNSHLÉIBHE
Murtach:	SEOIRSE CHAMPKIN
An Teachtaire: ...	GEARÓID MAC GIOLLA DOMHNAIGH
Léiritheoir:	LIONARD Ó COIGLIGH

GNÍOMH A hAON

(Lá Fhéile Míchíl, 29ú Meán Fómhair 1923. Clochar na nAingeal Naofa, Ord Francach de mhná rialta atá ag lonnú fúthu i seanchaisleán nó Teach Mór faoin tuath fiche míle ó dheas ó Bhaile Átha Cliath, agus iad á rialú ag an Máthair Oirmhinneach, Mère Michele de Lattre-Tassigny.

Léirítear an radharc faoin aer amuigh i ngairdín na Nuasachán; tá casáin ann, faiche féir, ceapóga bláthanna, róschrainn, prócaí ordnáideacha, áirsí, céimeanna, binsí agus cuasa clúfara le suí. Ar thaobh amháin, nó ar chúl, tá seanbhalla ard, cuid de bhalla theorainn an Chlochair; tá doras beag daingean sa bhalla seo, bolta trom air agus grátáil ann faoi chlúdach adhmaid. Tá cosán ag rith le hais an bhalla agus é ar leibhéal níos airde ná faiche an ghairdín. Tá túr faire, nó fothrach de, ar an seanbhalla, rud simplí a bhfuil leathdhosaen de sheanchéimeanna ag dul suas ann i dtreo go bhfuil deis ag duine breathnú thar bharr an bhalla amach ar an gcúl-lána agus ar an tírdhreach sléibhtiúil.

Ar thaobh amháin chun tosaigh tá seid nó scáthlán ina gcoimeádtar bláthphotaí agus uirlisí a bhaineann leis an ngairdín. An bhinn nó an balla den scáthlán seo atá chun tosaigh, tá sé trídhearcach i slí go dtig linn a dtarlaíonn istigh ann a fheiceáil ag tráthanna sonraíocha den dráma.

Suite go suntasach ar cholún cloiche tá dealbh den Ardaingeal Mícheál agus an claíomh nochta ina láimh.

Réamhradharc. Roimh ardú don bhrat, cloistear clog maidine an Chlochair á bhualadh. Ar ardú don bhrat feicimid na foirgnimh, na ballaí, an dealbh, ina scáileanna dorcha idir sinn agus léas airgeata bhreacadh an lae. Tagann chugainn go binníseal glórtha na mban rialta ag canadh thráth an iarmhéirí. Briseann torann barbartha faoi na cnoic amach,—snagarnach na meaisínghunnaí. Maireann an ceatal diaga agus an ghunnaíocht ag déanamh comhcheoil íorónta le chéile.

Nochtann chugainn an figiúr scáthmhar ag dreapadh faoi dhriopás thar an mballa isteach. Scinneann sé ar na céimeanna anuas, sciurdann timpeall ag cuardach cró folaithe, isteach leis de sciotán sa scáthlán agus dúnann an doras.

De réir a chéile maolaíonn ar an gceatal agus ar an ngunnaíocht nó go dtéann siad i léig ar fad. Lándorchú.

Buailtear an clog chun an radharc nua a sheoladh isteach. Tá sé ina lá geal anois, timpeall a haondéag ar maidin, an gairdín gona bhláthanna ag drithliú faoi chaoinsolas ghrian an Fhómhair. Áit chúlráideach is ea é, a bhaineann leis na Nuasacháin, Maeisí Ní Mhuireagáin agus Nuala de Búrca. Cailíní óga iad; tá bliain le caitheamh sa Chlochar acu mar Nuasacháin sula nglacfar mar Nóibhísigh iad, agus tá siad faoi oiliúint agus faoi smacht ag an Máistreás, an tSiúr Jeanne Marie. Caitheann siad gúnaí fada den sról liath, stocaí den síoda dubh, bróigíní dubha, bónaí néata bána; tá a gcuid gruaige trusáilte suas ar chúl a gceann agus fallaingeacha gearra den sról liath ar sileadh go péacúil ón bhfolt anuas leo. Ní mórán de spleodar agus de mhealltacht na hóige a cheiltear faoin éide seo.

Ocht mbliana déag d'aois atá ag Maeisí; cailín dathúil spridiúil í, cuid de gheáitsí gearrchaile scoile ag baint léi go fóill, í pas beag ceanndána, taghdach, agus í ina muireann i mbríste ar uaire; ach ina dhiaidh sin is cailín croíúil taitneamhach í ar mó a taithí ar an rómánsaíocht ná ar réalachas an tsaoil.

Tá Nuala níos sine de bhliain ná í; ógbhean dhóighiúil dhea-chumtha de sheanbhunadh Normannach na tíre, duine éirimiúil, géar-intinneach a choimeádann a meon agus a cuid mothúchán faoi rún, an sórt duine a dtagann an saol faoi cheannas aici nuair a chríonnaíonn faghairt a hintinne; ach tá sí óg go fóill, tá sí goilliúnach, agus briseann an fhoighne faoi bhuairt aigne.

Tá Murtach, an garraíodóir, ag feistiú bláthanna dearga i mbláthchuacha timpeall ar dhealbh an Ardaingil. Seanduine cantalach atá ann, aistíl éigin ag roinnt leis agus teanga sheanbhlasta ina cheann. Tagann Nuala isteach chuige, é cromtha agus a dhroim léi).

NUALA. A Mhurtaigh! (*Baintear feanc as mar a mhothódh sé pian idir a shlinneáin.*) An bhfuil tú as do mheabhair ar fad?

MURTACH. Tá!

NUALA. Cad é seo á dhéanamh agat?

MURTACH. (*go fadfhulaingeach*) Ordú a tugadh dom. Ordú ó Iníon Uí Mhuireagáin. Bláthanna, a deir sí, cuir bláthanna timpeall ar dhealbh Naomh Mícheál, a deir sí. Do lá fhéile na Máthar Oirmhinní, a deir sí.

NUALA. Sea, ach ní ceart bláthanna *dearga* a chur thart air. An *bán* an dath ceart do na haingil.

MURTACH. Tá go breá, tá go breá, a chailín. (*Trí chúinne a bhéil*) Nuasacháin! Aidh. Sciortacháin. Aidh. Stompóga sotalacha. Aidh go deimhin.

(*Tosaíonn sé ar na bláthanna dearga a chur i leataobh agus bláthanna bána a chur ina n-ionad; cabhraíonn Nuala leis chun iad a phiocadh. Tagann Maeisí isteach*).

MAEISÍ. A Mhurtaigh! (*Baintear a sheangheit phianmhar as.*) An bhfuil tú ar strae sa chloigeann istigh? (*Claonann sé a cheann ag aontú léi.*) Bláthanna *dearga* a dúirt mé leat. (*Bronnann sé beannú méar-go-glibín uirthi go fadfhulaing-each agus cromann ar na bláthanna dearga a chur ar ais.*)

NUALA. Ná bac le Maeisí, a Mhurtaigh. Ní ceart duit cead a cinn a thabhairt di i gcónaí.

MAEISÍ: (*go milis réasúnta*) Ní theastaíonn cead mo chinn uaim. Ní theastaíonn uaim ach bláthanna dearga do Naomh Mícheál.

NUALA. Dath bán, a deirim, do na haingil.

MAEISÍ. Dath dearg, a deirim, don chogadh!

(*Díríonn siad súile fiata ar a chéile. Bogann Murtach leis i leataobh, suíonn ar a shuaimhneas, tógann nuachtán chuige féin agus fágann an argóint fúthu go fealsúnta*).

NUALA: Níl cogadh i gceist. Níl ann ach go bhfuilimid ag feistiú na deilbhe do Mère Michele ar a lá féile. Níl trácht ar chogadh.

MAEISÍ. Níl trácht ar rud ar bith eile na laethanta seo. Nach bhfeiceann tú an claíomh sin? An gceapann tú gur ornáid é?

NUALA. Is siombail é den chath i gcoinne an uabhair is an éirí in airde.

MAEISÍ. Cath i gcoinne na bhfeall is na mbréag!

NUALA. Ní hea, ach i gcoinne na méirleach marfach, i i gcoinne na . . . na . . .

MAEISÍ. Ar aghaidh leat, a Nuala de Búrca! Abair é. I gcoinne na bPoblachtach, bhí tú chun é rá.

NUALA. Tú féin a bhain an focal sin as.

MAEISÍ. Maise, nach sotalach atá tú! Cion is go bhfuil do dheartháir ag bogadach thart mar a bheadh dia beag ann in éide Arm an tSaorstáit.

NUALA. Fágtar mo dheartháir as an scéal!

MAEISÍ. É féin agus a Shaorstát! Saorstát! A leithéid de scifleogacht pholaitiúil, tar éis dúinn troid a sheasamh ar son na Poblachta!

NUALA. Ó, tá sé ina rún ag an bpobal cén fáth a bhfuil tú féin i do Phoblachtach!

MAEISÍ. (*go taghdach*) Cén fáth?

NUALA. Ó, tá's againn go léir—

MAEISÍ. Cad é an fáth? Abair leat. Tugaim do dhúshlán a rá!

NUALA. (*ag iompú uaithi, ag cromadh ar bhláthanna a phiocadh*) Ó, fáth ar bith. Cuir ceist ar Phacaí Armstrong cén fáth.

MAEISÍ. Éist liomsa, a Nuala de Búrca! Cairdeas ar bith a bhí idir Pacaí Armstrong agus mé féin sa saol amuigh, ní bhaineann sé leatsa. Fág Pacaí Armstrong as an scéal, más é do thoil é.

NUALA. Agus fág thusa mo dheartháir as an scéal.

MAEISÍ. Níl i do dheartháir ach deachtóir dalba de chuid an tSaorstáit.

NUALA. Níl i do Phacaí Armstrong ach murdróir ó chúl claí.

MAEISÍ. Deachtóir, a deirim!

NUALA. Murdróir Poblachtach!

(*Dearcann an bheirt go nimhneach ar a chéile, tá glaicín de bhláthanna ina láimh ag Maeisí agus fonn uirthi iad a chaitheamh. Seo isteach an tSiúr Jeanne Marie, Máistreás na Nuasachán. Bean rialta mheánaosta í, duine gníomhach cruinnbhriathrach, folaíonn sí an teasaíocht agus croí mór Gaelach faoi aghaidh fidil an údaráis. Éiríonn Murtach go pras ón mbinse, cromann ag fuastaracht thart le ráca).*

MÁISTREÁS. Cabhair Dé chugainn! A leithéid de chlampar. Nach bhfuil cuimhneamh ar bith agaibh gur i gClochar atá sibh?

NUALA. (*a ceann fúithi*) Gabhaim pardún agat a Mháistreás.

MÁISTREÁS. Clochar na nAingeal Naofa atá againn anseo, ní clochar na dtincéirí. Cad ba bhun don siosma seo?

MAEISÍ. Dúirt Nuala go raibh—

NUALA. Dúirt Maeisí go raibh—

MÁISTREÁS. Stadaigí! Tusa, a Iníon Uí Mhuireagáin.

MAEISÍ. Ní raibh ann ach gur nocht mé mo thuairim faoin Saorstát.

MÁISTREÁS. Níl sé ceadaithe agat tuairim dá laghad a bheith agat. Ná agatsa, a Iníon de Búrca. Mar Nuasacháin sa Chlochar seo, is é an chéad dualgas atá oraibh ná gach tuairim agus gach toil de bhur gcuid féin a dhíbirt, agus géilleadh go hiomlán do thoil na Máthar Oirmhinní agus do na húdaráis eile atá os bhur gcionn.

MAEISÍ. Ach, a Mháistreás—

MÁISTREÁS. Níl ach ar bith ann.

MAEISÍ. Ach is é an Cogadh Cathartha a bhí i gceist eadrainn.

MÁISTREÁS. Is cuma. In Ord Beannaithe seo na nAingeal Naofa, níl ach an t-aon chogadh cathartha i gceist, an seanchogadh san anam istigh i gcoinne na féintola. Ní mór daoibh dearmad a dhéanamh den saol agus de chogadh an tsaoil thar na ballaí sin amuigh.

NUALA. Is deacair dearmad a dhéanamh den chogadh amuigh nuair a thagann sé chomh fada leis na ballaí féin—

MAEISÍ. Chualamar clagarnach na ngunnaí aréir—

NUALA. Agus is deacair dearmad a dhéanamh de agus mo dhearthháir féin i gcroílár an choimheascair.

MÁISTREÁS. Gan amhras, a Nuala bheag, tá leithscéal éigin i do chás-sa de. Ach ní heol dom go bhfuil leithscéal ar bith agatsa, a Iníon Uí Mhuireagáin—nó an bhfuil? (*Dearcann sí go fíorsach ar Mhaeisí, ní go réidh a fhreagraíonn an cailín*).

MAEISÍ. N-níl.

NUALA. (*go himníoch*) Cad a tharla aréir, a Mháistreás? Cad tá ar siúl amuigh ansin?

MÁISTREÁS. Ní heol dom go beacht. Níl againn go fóill ach ráflaí. Tá na bóithre breac-ghlas le saighdiúirí an Stáit.

MAEISÍ. Ar rug siad ar na Poblachtaigh?

MÁISTREÁS. Éist do bhéal anois. Tá bhur ndóthain den pholaitíocht agaibh don mhaidin seo. Ní mór dom pionós a chur oraibh, a ghiofóga beaga síorchainteacha, chun a chur ina luí oraibh go gcaithfidh sibh smacht a chur ar bhur dteangacha. Fanfaidh sibh beirt in bhur dtost ar fad ar feadh an chuid eile den lá.

MAEISÍ. Ó! ní hea—

MÁISTREÁS. (*méar lena béal*) Tost, a Iníon Uí Mhuireagáin.

MAEISÍ. Ach, a Mháistreás a chroí—

MÁISTREÁS. Tost, a dúirt mé!

MAEISÍ. Amárach—fanfaimid inár dtost amárach—lá ar bith—ar feadh na seachtaine go léir más mian leat. Ach an lá inniu, Lá na Féile Míchíl—

MÁISTREÁS. (*go teasaí*) Dún do bhéal, a ghlagaire!

(*Dúnann Maeisí a béal go pras. Cuireann Nuala in iúl trí chomhartha go bhfuil cead cainte uaithi.*)

MÁISTREÁS. Ar mhian leat focal a rá, a Nuala? (*Claonann Nuala a ceann.*) Abair leat.

NUALA. Seo lá fhéile na Máthar Oirmhinní, Mère Michele. Bhí féirín á bheartú againn di faoi rún. Tá an Sagart Óg ag teacht, agus táimid chun amhrán nó dhó a chanadh di—

MAEISÍ. Dánta Fraincise—

NUALA. Cuirfidh siad a tír dhúchais i gcuimhne di—

MAEISÍ. An Fhrainc, tá's agat—

NUALA. Impím ort, a Mháistreás, gan sinn a chur inár dtost inniu. Glacfaimid le pionós ar bith eile—

MAEISÍ. Beimid chomh ciúin le luchóga—

NUALA. Glanfaimid an gairdín—

MAEISÍ. Scuabfaimid na hurláir—

AN BHEIRT. (*le chéile*) Impímid ort, a Mháistreás.

MÁISTREÁS. H'mph. Feicimid. Tá go maith,—in onóir don Mère Michele mar sin—

MAEISÍ. Go raibh míle maith agat, a Mháistreás!

MÁISTREÁS. Ach ní mór dom pionós éigin a ghearradh oraibh chun a chur ina luí oraibh nach Státairí ná Poblachtaigh sibh istigh anseo, ach deirfiúracha. Ordaím daoibh greim láimhe a bhreith ar a chéile go cairdiúil agus siúl timpeall an ghairdín ag rá na paidre: "Agnus Dei qui tollis peccata mundi, dona nobis pacem." Dhá chéad uair as a chéile.

MAEISÍ. Ó, a mháistreás, is aingeal ó neamh anuas thú!

MÁISTREÁS. H'mph. Plámás. Ar aghaidh libh,—glacaigí lámha a chéile.

(*Breathnaíonn an bheirt go cúthail ar a chéile; is leasc le gach cailín acu tús a chur leis an síneadh láimhe. Tagann Murtach, agus cuireann sé na lámha ina chéile dóibh. Briseann an t-aithreachas croí go tobann ar Mhaeisí, pógann sí lámh Nuala.*)

MAEISÍ. Maith dom a ndúirt mé faoi Emmet, a Nuala.

NUALA. Ormsa an milleán, a Mhaeisí. Ní raibh sé féireáilte agam an rud sin a rá faoi . . . faoin rud a thuigeann tú.

MÁISTREÁS. Scoirigí den chabaireacht! Ar aghaidh libh—"Agnus Dei—"

(*Ar aghaidh leo go módhúil timpeall agus amach, an phaidir á haithris acu os ard. Cuireann Murtach an dá shórt bláthanna faoi bhráid an Mháistreása.*)

MURTACH. Bán nó dearg?

MÁISTREÁS. Ní fheadar. Cad é do thuairim?

MURTACH. I gcead duit, a Mháistreás, tar éis dom tríocha bliain a chaitheamh san Ord Beannaithe seo, níl tuairim ná toil de mo chuid féin agam!

MÁISTREÁS. Measc an dá shórt. An bán agus an dearg: tá an dá shórt measctha sa saol agus measctha san fhuil féin sna cuislí istigh ionainn. (*Go smaointeach*) Inis, a Mhurtaigh, an eol duit cén bhaint a bheadh ag an gcailín beag sin, Maeisí, leis na Poblachtaigh?

MURTACH. I bhfocal amháin duit,—Creagán na hAirne!

MÁISTREÁS. Cad é sin á rá agat?

MURTACH. An dream sin i gCreagán na hAirne amuigh, na Muireagánaigh, na Breatnaigh, Muintir Ogle agus Armstrong,—tá an dúbhraon iontu. Daoine dalba dígeanta. Plandaíodh amuigh ansin iad tar éis bhriseadh na Bóinne, ach an lá tá inniu ann tá siad níos Sinn Féiní ná na Sinn Féinirí féin. Aidh.

MÁISTREÁS. Tá tú á rá go raibh baint ag Maeisí Ní Mhuireagáin le Sinn Féin?

MURTACH. Cad eile? Agus ag Nuala néata neamhurchóideach de Búrca freisin. Aidh. Cumann na mBan—Dia idir sinn agus an t-olc! Stompóga beaga ag bogadach thart ar bhaidhseaclaí gan náire, agus teachtaireachtaí á n-iompar acu trusáilte suas ina gcuid drár! Aidh. Do chum glóire Dé agus onóra na hÉireann!

MÁISTREÁS. Ní gá duit bheith gáirsiúil. Is bródúil atá mé as na cailíní sin, a rá is gur ghlac siad páirt sa ghluaiseacht náisiúnta.

MURTACH. Iad ar scaradh gabhail ar bhaidhseaclaí ag imeacht tóin-le-gaoith,—Ó, ba dheas an t-ullmhúchán ag ábhair bhan rialta é gan aon agó!

MÁISTREÁS. Ba bhreá amach mar ullmhúchán don Chlochar acu é! Féach an Mháthair Oirmhinneach, Mère Michele féin, bhí sí ina trodaire le linn a hóige. Leathchéad bliain ó shin, throid sí i gcoinne na nGearmánach ar shráideanna Pháras.

MURTACH Sin scéal eile. Sin cogadh. Ní ionann is na Búrcaigh is na Muireagánaigh is Síol Armstrong ag sleamhnú thart anseo ag féachaint le tine a chur le beairic na bpóilíní nó na *chanies* a ghoid as an Teach Mór.

MÁISTREÁS. Cogadh guairille. Náisiún beag i gcoinne mór-Impireachta.

MURTACH. Gunnadóirí na haonoíche. Chuirfeadh siad sluga i slobaire de phóilín ó chúl claí—

MÁISTREÁS. Trodairí na saoirse!

MURTACH. Murdróirí fuilteacha!

MÁISTREÁS. Thugais t'éitheach, a sheanduine! Níl ionat ach seoinín seanbhlasta i do chroí istigh—

(*I lár na hargóinte, tagann Maeisí agus Nuala isteach, greim cneasta lámh acu ar a chéile, an phaidir á haithris acu: "Agnus Dei, qui tollis peccata mundi, dona nobis pacem." Cúis náire don Mháistreás an phaidir a chlos. Ar aghaidh leis na cailíní trasna agus amach. Buaileann an Mháistreás dorn an aithreachais dá hucht.*)

MÁISTREÁS. Gabhaim pardún agat, a Mhurtaigh. D'imigh an teanga ó smacht orm. Táimid go léir ar bís na laethanta seo.

MURTACH. Is dócha gur chuala sibh an ghunnaíocht i gcaitheamh na hoíche?

MÁISTREÁS. Chuala. Bhfuil aon scéala agat?

MURTACH. Tháinig trúpaí an tSaorstáit timpeall ar an scata beag Poblachtach sa dorchacht. Ní dheachaigh saor uathu ach fear amháin . . . (*Bogann sé i ngiorracht di, pota bláthanna ina ghlaic, labhraíonn as cúinne a bhéil.*) Armstrong . . . as Creagán na hAirne.

MÁISTREÁS. (*faoi bhuairt*) Feicim. (*ag breathnú go géar air*) Tá mé faoi chomaoin agat, a Mhurtaigh.

MURTACH. Ná habair é, a Mháistreás. Níl ionamsa ach an factotum ginearálta timpeall na háite seo, ach, an gcreidfeá é, tá sórt cion agam ar na stompóga beaga girseacha sin.

MÁISTREÁS. Mise freisin. Nár lige Dia aon dochar dóibh as an obair sin amuigh.

(*Téann an Mhaistreás amach. Ligeann Murtach srian le dríodar a chuid mothúchán trí dhreas aithrise áiféisí a dhéanamh uirthi, ar a guth agus a geáitsí.*)

MURTACH. Huh! Ní gá duit a bheith gáirsiúil, a deir sí! Trodairí na saoirse, a deir sí! Cogadh guairille, a deir sí! Níl ionat ach seoinín scanbhlasta i do chroí istigh—

(*Tagann an Sagart Mór agus an Sagart óg isteach. Duine tíriúil den tseanaicme eaglaisiúil is ea an Sagart Mór; tá sé ceanndána ina thuairimí agus dásachtach go maith á gcosnamh; is daingean dochlaíte mar óráidí é, agus dar leis go bhfuil cur amach mór aige ar chúrsaí polaitíochta; ach gan fhios dó féin tá an tsimplíocht agus an chneastacht ag roinnt leis, agus is mó de spéis anama a chuireann sé i gcúrsáil an ghiorria ar na móinteáin ná i gcúrsaí polaitíochta.*

Ógfhear cruinndearcach is ea an Sagart eile, an tsamhlaíocht faoi shrian ann, é pas beag gonta ina chaint agus an intinn ghéar aige ag tabhairt gach rud faoi deara ina thimpeall. Duine de na Gearaltaigh é, fad is a bhaineann an Sagart Mór leis na Conchúraigh,ríshliocht Chonnacht.

Stánann siad beirt ar Mhurtach agus na geáitsí ar siúl aige in airthris mhagaidh ar an Máistreás, le linm dó bogadh amach.)

SAGART MÓR. Sea mhaise. Nuair a tháinig mise den chéad uair chun an pharóiste seo, d'inis an Mháthair Oirmhinneach dom go raibh an scubadán sin, Murtach, as a mheabhair. Ar ndóigh, rinne sí dearmad a insint dom go raibh sí féin as a meabhair freisin!

(*Suíonn sé, leathann eireabaill a chasóige. Tógann an Sagart Óg an nuachtán a d'fhág Murtach ina dhiaidh agus cromann ar é a léamh*).

SAGART MÓR. Sea, a bhuachaill. As a meabhair ar fad atá sí. Francach mná. An Mère Michele du Lattre-Tassigny, munar mhiste leat! Creidim gur sórt mistic í, an sórt sin a bhíos acu ar Mhór-roinn na hEorpa ag bogadach thart le paidrín i láimh amháin agus gunna sa láimh eile. Deirtear liom gur beag de chodladh na hoíche a dhéanann sí, ach í ar a glúine ag paidreoireacht ina cillín ó léas go léas.

SAGART ÓG. Is maith an rud go bhfuil duine éigin ag guí orainn na laethanta seo.

SAGART MÓR. Bhfuil aon scéal nua ann?

SAGART ÓG. Sa "Nuacht is Déanaí." Liosta na n-ainmneacha, an chuid a thit i ngunnaíocht na hoíche aréir. (*Ag léamh*) "De chuid na bPoblachtach, maraíodh. Séamas de Nógla, Sam Ó hAirteagáin, Domhnall Mac Siacais—

SAGART MÓR. Dain Dubh Mac Siacais, an bligeard!

SAGART ÓG. "Agus Isaac Breathnach."

SAGART MÓR. Mh'anam, gur maith an díol ar na scaibhtéirí sin é.

SAGART ÓG. "Stialladh coirp an cheathrair sin faoi lámhach mheaisínghunnaí an tSaorstáit—

SAGART MÓR. Sin é an stuif! Níl leac ar bith in Ifreann thíos atá te go leor do na rifínigh sin!

SAGART ÓG. "De chuid an tSaorstáit, maraíodh an Ceannfort Riobard Mac Lochlainn—

SAGART MÓR. Bob bocht Mac Lochlainn! (*Ag ardú a hata*) Grásta ó Dhia ar a anam síoraí!

SAGART ÓG. "D'éalaigh an cúigiú saighdiúir Poblachtach leis sa dorchacht. Ceaptar gur Pádraig Armstrong a bhí ann, an té a bhí ina Cheannfort ar Chathlán Chreagán na hAirne le linn Chogadh na Saoirse. Tá fórsaí an tSaorstáit timpeall air, tá gach bóthar druidte acu, gach bealach éalaithe dúnta air, agus tá gach teach agus cró folaithe á chuartú acu ó bhreacadh an lae."

SAGART MÓR. Tá beirthe air, mar a bheadh francach i stuca coirce ann.

SAGART ÓG. (*ag déanamh a smaointe*) Francach i stuca coirce. Pacaí Armstrong . . . agus dornán de bhlianta ó shin bhí a ainm in airde mar laoch i dtroid na saoirse, an fear a bhuail bob marfach ar na Tans ag cath Bhearna na Long. Agus anois . . . francach i stuca coirce . . .

SAGART MÓR. Ní díol trua ar bith duit an Armstrong sin, a bhuachaill. Níl ann ach gealtán gunnadóra. Níl a leithéid de dhíth orainn na laethanta seo. Tá an Conradh le hImpireacht na Breataine sínithe againn; tá deireadh leis an gcogadh; tá sos agus síocháin de dhíth ar an tír. Ach Armstrong agus a leithéidí, ní thuigeann an sórt sin an tsíocháin; tá an gunna san fhuil iontu, agus anois nuair nach bhfuil fórsaí an Rí le lámhach acu, ní mór dóibh an gunna a dhíriú ar a gcomrádaithe féin.

SAGART ÓG. Ní aontaím leat, a Athair. Tá Armstrong ina idéalaí.

SAGART MÓR. Idéalaí! Sea mhaise, sin focal deas ar ainmhí allta.

SAGART ÓG. Ach caithfidh tú admháil go bhfuil an Phoblacht ina aisling uasal—

SAGART MÓR. Aisling phágánach! Poblacht, a deir tú,—cad as ar tháinig an smaoineamh? Ón Fhrainc! Ón Fhrainc phoblachtach, neamh-Chríostaí, dhaonlathach, réabhlóideach, ainchreideamhach, dhearg! An eol duit an slad a rinne Poblacht na Fraince ar an Eaglais?

SAGART ÓG. (*ag dul i dteasaíocht*) An eol duit an slad a rinne Impireacht na Breataine ar an Eaglais in Éirinn?

SAGART MÓR. Seanstair agus meirg uirthi!—Nárbh í Impireacht na Breataine a bhunaigh Má Nuad duit?

SAGART ÓG. B'fhéidir, ach breathnaigh air seo, a Athair—

SAGART MÓR. Ní bhreathnóidh mé air seo, sin, ná air siúd! Ní bhreathnaímse ach ar an bhfírinne, agus deirimse leat nach bhfuil san Armstrong seo ach ainmhí allta, gealtán gunnadóra—

SAGART ÓG. Idéalaí!

SAGART MÓR. Namhaid don phobal!

(*Tá siad ag tafann go confach ar a chéile nuair a thagann Maeisí agus Nuala isteach arís, an phaidir ar siúl acu: "Agnus Dei, qui tollis peccata mundi, dona nobis pacem." Trasnaíonn siad, a súile go modhúil ar an talamh, agus amach leo. Cuirtear stad tobann le cogadh cathartha na Sagart*).

SAGART ÓG. "Da nobis pacem" . . . Sea go deimhin. "Pacem." Gabhaim pardún agat, a Athair.

SAGART MÓR. Ná habair é, ná habair é, Jeaic, a bhuachaill. Is breá liom an duine a labhraíonn óna chroí glan amach. Is minic a bhíonn an ciúin ciontach, agus ní thiteann an giorria don chú gan tafann.

(*Sos beag. Scrúdaíonn an Sagart óg an dealbh, cuimlíonn sé a mhéar de chlaíomh an Ardaingil.*)

SAGART ÓG. Bhí tú á rá gur sórt mistic í an Mháthair Oirmhinneach?

SAGART MÓR. Napoleon baininscneach atá inti. An Eaglais Mhíleatach faoi sciorta dubh!

SAGART ÓG. Is duine den uasaicme í, creidim?

SAGART MÓR. An craem de la craem! De Lattre-Tassigny. Réimse mór talún acu i Champagne na Fraince, fíonghoirt, chateaux, sráidbhailte—na hoibreacha go léir. Clann mhór mhíleata; bhí duine de mhuintir de Lattre-Tassigny ar gach páirc chatha san Eoraip agus i Meiriceá le cúig chéad bliain anuas.

SAGART ÓG. Is dócha gurbh é sin an fáth ar thogh sí Naomh Mícheál anseo mar phátrún aici—aingeal an chlaímh.

SAGART MÓR. Tá sí chomh dolúbtha ina haigne istigh le miotal an chlaímh chéanna. Ní raibh inti ach faingín de ghirseach nuair a throid sí i gcoinne na mBosche ar na baracáidí i bPáras. Throid sí i gcoinne na nIndiacha Dearga i gCeanada, agus i gcoinne na Hataí Dearga sa

Róimh. Agus féach anois í i gcríon a laethanta, suite anseo ar na móinteáin i seanchaisleán na nGearaltach, agus í ag iarraidh nóisin ghalánta na hEorpa a mhúineadh do bhrídíní beaga an bhaile seo 'gainne.

(*Maeisí agus Nuala isteach go gealgháireach de sciotán reatha.*)

NUALA. Fáilte romhat, a Athair Uí Chonchúir.

MAEISÍ. Fáilte, a Athair Jeaic.

SAGART MÓR. Ah, na sicíní beannaithe! Bhí sibh ag paidreoireacht?

MAEISÍ. Pionós a chuir sí orainn,—an Mháistreás.

SAGART MÓR. Ohó, bhí sibh ag geabstaireacht arís, cuirfidh mé geall.

NUALA. Bhíomar . . . ag troid—

MAEISÍ. Faoi chúrsaí polaitíochta!

SAGART MÓR. Mh'anam, nach sibh na stiúsaithe. Thíos ar bhur nglúine geala ba cheart daoibh a bheith, ag guí orainne na diabhail bhochta a chaithfeas chur suas den chogadh damanta cathartha seo againn amuigh.

NUALA. Chualamar an ghunnaíocht. Inis dom, a Athair, bhfuil aon scéala faoi Emmet?

SAGART ÓG. Tá sé slán, a Nuala. Tháinig do dhearthháir slán as an gcoimheascar.

MAEISÍ. Agus an fear eile, a Athair Jeaic? Bhfuil aon trácht air?

SAGART MÓR. Bob Mac Lochlainn an ea? Bob bocht. Chuir an bithiúnach dearg sin piléar ina chloigeann nuair a réab sé tríothu sa dorchacht.

NUALA. Armstrong atá i gceist ag Maeisí, Pacaí Armstrong.

SAGART MÓR. An bligeard blaisféimeach sin!

SAGART ÓG. Chuaigh sé slán, a Mhaeisí. D'éalaigh sé uathu.

MAEISÍ. Go raibh maith agat, a Athair.

SAGART MÓR. Ach tá siad timpeall air. Mh'anam nach bhfuil aige ach rith an ghiorria idir dhá chlais.

(*Buailtear cnag trom ar an doras sa bhalla. Baintear stad astu go léir. Bogann Murtach isteach ó thaobh amháin, brostaíonn an Mháistreás isteach ón taobh eile*).

MÁISTREÁS. Ar aghaidh leat, a Mhurtaigh. Féach cé tá ann.

(*Téann Murtach go faiteach i dtreo an dorais, osclaíonn an ghrátáil bheag agus gliúchann amach*).

MURTACH. Cad tá uait?

CAPTAEN. (*amuigh*) An Captaen Emmet de Búrca. Ar diúité.

NUALA. Críost ár sábháil! 'S é Emmet atá ann! Emmet is againne.

(*Fáisceann Maeisí agus Nuala a gcuid lámh ina chéile. Leagann an Sagart óg a lámh go ceanúil ar ghualainn Nuala. Seasann an Sagart Mór go tromchúiseach chun tosaigh*).

SAGART MÓR. Brostaigh, a bhodaigh. Lig isteach é.

MÁISTREÁS. Stad. Níl cead ag an bpobal teacht isteach tríd an gcúldoras sin.

MAEISÍ. Ach is é Emmet de Búrca atá ann, deartháir Nuala—

MÁISTREÁS. Is cuma. Tá am oifigiúil do chuairteoirí ann, agus áit oifigiúil.

SAGART MÓR. Ach féach, a Mháistreás, tá an saighdiúir seo ar diúité.

MÁISTREÁS. Má tá gnó ar bith ag an *saighdiúir* seo (*cuireann sí béim faoi leith ar an bhfocal*) sa Chlochar seo, caithfidh sé dul chuig an bpríomhgheata ar an taobh eile den teach. Is gairdín príobháideach é seo a bhaineann leis na Nuasacháin amháin.

SAGART MÓR. Ní haon ghnáthócáid í seo. (*Le Murtach*) Oscail an doras.

MÁISTREÁS. Ach cad a déarfaidh an Mháthair Oirmhinneach—

SAGART MÓR. Abradh an Mère Michele a rogha rud. Mar shagart paróiste, tá údarás agam ar an láthair seo. (*Siúlann sé caol díreach i dtreo an dorais, scaoileann an bolta go mustarach agus osclaíonn.*) Tar isteach, a Chaptaein.

(*An Captaen de Búrca isteach. Tá sé in éide Arm an tSaorstáit. Ógfhear cumasach, dea-chumtha, dícheallach, praiticiúil é, an sórt a chothaíonn a aisling féin ina chroí gan a bheith geabach fúithi. Tagann cuid den dathannacht mhíleata isteach leis,—an ghlaséide nua, an leathar is an prás ag glioscarnach, an gunnán Webley sáite sa chumh-*

dach; ach tá cuma na tuirse agus na heaspa codlata air, agus is léir go bhfuil sé faoi straidhn. Breathnaíonn sé ó aghaidh go haghaidh orthu go gcinntíonn ar an té is údarásaí).

CAPTAEN. (*leis an Máistreás*) Go mbeannaí Dia duit, a Shiúr.

MÁISTREÁS. Ní féidir liom an bheannacht chéanna a chasadh leat, a Chaptaein, mar níl gnó ar bith agat sa ghairdín seo.

SAGART MÓR. (*go mustarach, ag croitheadh láimhe leis*) Fáilte, a Chaptaein. Traoslaím leat an job néata a rinne sibh aréir.

CAPTAEN. Go raibh maith agat, a Athair. Ach níl críoch curtha leis an job céanna sin againn go fóill.

NUALA. (*ag teacht go faiteach chuige*) Emmet.

CAPTAEN. (*ag croitheadh a láimhe*) Sea, a Nualaitín? Conas tá an scéal agat?

NUALA. Ní gearánta dom. Conas tá sibh go léir sa bhaile?

CAPTAEN. Sa bhaile, an ea? Ní fheadar. (*Le domblas*) Tá dhá mhí ann ó chuir mé cos liom thar thairseach an tí sa bhaile.—Agus Maeisí anseo—mo ghiolla beag rothair—dar fia! Ní aithneoinn thú sa ghúna fada sin. (*Go searbh*) Bhail, a Mhaeisí Uí Mhuireagáin as Creagan na hAirne, nach bhfuil tú chun lámh a chroitheadh liom?

MAEISÍ. (*ag croitheadh láimhe leis, faoi thocht*) Fáilte . . . fáilte romhat, a Emmet. (*Dá hainneoin féin, dearcann sí ar mhéara na láimhe a croitheadh*).

CAPTAEN. (*ag breithniú a láimhe féin*) Sea, a thaisce. Lámh na fola. Agus tá braon beag eile le doirteadh fós.

NUALA. Ó, a Emmet, nach uafásach mar atá an scéal eadraibh—

MÁISTREÁS. Is leor sin. Ní tráth cuairteoirí agaibh é, a chailíní. Imígí isteach.

SAGART ÓG. (*ar chéimeanna an túir faire, ag breathnú thar an mballa amach*) Gabhaim pardún agat, a Mháistreás—

MÁISTREÁS. Agus gabhaimse pardún agatsa, a Athair: an faoi mo chúramsa nó faoi do chúramsa atá na cailíní seo?—Imígí isteach.

CAPTAEN. Fanaigí! An bheirt agaibh. Ní chun cuairt a thabhairt oraibh a tháinig mise anseo. Ach ar diúité. Tá mé—(*teantás ina ghlór*)—ag lorg Armstrong!

MAEISÍ. (*de chogar*) A Thiarna!

SAGART MÓR. Dar fia, a Chaptaein, ní hé cheapann tú gur anseo atá sé?

MÁISTREÁS. Armstrong an Poblachtach sa Chlochar anseo? Heits, a oifigigh, bíodh splaincín beag céille agat.

NUALA. An ag rámhailleach atá tú?

CAPTAEN. (*go grod*) Seans gurb ea, a chailín. Néal codlata ní dheachaigh ar na súile agam le trí lá agus dhá oíche.

SAGART MÓR. Ach in ainm Dé, cad a thugann duit a cheapadh go mbeadh Pacaí Armstrong anseo?

CAPTAEN. Níl sé in áit ar bith eile. Thángamar aréir air ina chró folaithe. Bhí sé i sáinn againn agus a cheathrar compánach sínte marbh. Phreab sé amach chugainn mar a bheadh ainmhí allta ann, chuir piléar piostail i gcloigeann Bhob Mhic Lochlainn, agus d'éalaigh uainn sa dorchacht.

SAGART ÓG. (*ón mballa*) Cá bhfios duit nach imithe as an limistéar ar fad atá sé?

CAPTAEN. Níl sé imithe. Tá ciorcal de mhiotal curtha thart ar an limistéar seo againn ó thráthnóna inné, agus gach bealach éalaithe dúnta air. Taobh istigh den chiorcal sin, táimid tar éis gach teach, gach stábla, gach díog, gach coca féir agus gach cró folaithe a ransú, gan teacht air. Níl ach aon áit amháin fágtha—

MAEISÍ. (*dá hainneoin féin*) Anseo? Tá Pacaí anseo?

(*Breathnaíonn gach duine uirthi seal nóiméid. Breathnaíonn Murtach go hamhrasach ina thimpeall.*)

MURTACH. Dar príosta, tá an sionnach i measc na sicíní againn! (*Sleamhnaíonn sé amach*).

MÁISTREÁS. Ach conas a d'fhéadfadh sé teacht isteach anseo?

CAPTAEN. (*le síneadh ordóige*) Thar an mballa. Ón lána amuigh.

SAGART ÓG. Cad is mian leat a dhéanamh?

CAPTAEN. Ní hé an rud is mian liom a dhéanamh, ach an rud nach mór dom a dhéanamh. Tá mé chun an gairdín seo agus tailte an Chlochair a chuardach.

MÁISTREÁS. Abair, a ógánaigh, cén t-údarás atá agat sna cúrsaí seo?

CAPTAEN. Údarás Rialtas Shaorstát Éireann—tá coimisiún agam mar chaptaen san Arm Náisiúnta.

MÁISTREÁS. Ní ritheann údarás Shaorstát Éireann, nó cibé rud a thugann tú air, taobh istigh de na ballaí seo.

MAEISÍ. Maith thú, a Mháistreás!

MÁISTREÁS. Éist do bhéal, a ghirseach! Seo, an bheirt agaibh —isteach libh ar an bpointe boise, agus cromaigí ar bhur gcuid cniotála.

(*Bogann an bheirt leo go stailceach, umhlaíonn d'fheacadh glúine di; déanann Nuala moill bheag ag dul thar an gCaptaen di, leagann lámh cheanúil ar a uillinn.*)

NUALA. (*faoi mhothú*) A Emmet, a chroí—

CAPTAEN. Cad é, a chailín?

NUALA. Is ar an drochuair a chastar anseo sinn.

(*Tógann sí a bhascaed cniotála agus leannann Maeisí amach. Mothaíonn gach duine ar a bhealach féin gur tromchúiseach an dul amach é*).

MÁISTREÁS. Anois, a ógánaigh, sin agat an doras amach.

SAGART MÓR. Go réidh, go réidh, a bhean. Tá dualgas le comhlíonadh ag an saighdiúir seo. Ní thaitníonn sé leis, ní thaitníonn sé liom féin, ní thaitníonn sé le duine ar bith againn; ach má cheapann sé go bhfuil an coirpeach sin Armstrong i bhfolach anseo, tá sé de dhualgas air an áit a chuardach.

MÁISTREÁS. Cos leis ní chorróidh sé sna clabhstair seo gan údarás.

SAGART MÓR. Ná déan dearmad, a bhean, gur mise an sagart paróiste. Tá údarás agamsa sna clabhstair seo.

MÁISTREÁS. I gcead duit, a Athair, ceistím d'údarás sa chás seo.

SAGART MÓR. Th'anam 'on réics, a bhean! cén fuadar seo fút? An amhlaidh gur mian leat Armstrong a chaomhnú? An amhlaidh go bhfuil tú iompaithe i do phoblachtach?

MÁISTREÁS. Tá. Baineann an pasite talún seo le Poblacht Mhór na Carthanachta. Sa chás seo, ar an láthair seo, níl údarás ag duine ar bith ach ag an Máthair Oirmhinneach amháin, an Mère Michele.

SAGART MÓR. (*ag dingeadh a hata ar a cheann*) Tá go maith! Tabharfaidh mise cuairt uirthi.

MÁISTREÁS. Fan. Tá sí ina cillín ag rá a cuid paidreacha. Rachaidh mise chuici i dtosach chun an scéal a mhíniú di.

SAGART MÓR. Ó baidh gar, ní rachaidh! Tá mise ag dul in éineacht leat. Ní bhuailfidh tú bob chomh bog sin orm, a bhean!
(*Brostaíonn an bheirt amach*).

SAGART ÓG. (*ar chéimeanna an seantúir ,ag breathnú thar an mballa amach*) Armstrong bocht! Má tháinig sé thar an mballa seo beo isteach, ní ina bheo a rachaidh sé amach,—feicim go bhfuil do chuid fear ag feitheamh leis, a Chaptaein.

CAPTAEN. (*ag dul suas*) Tá. Níl fonn paidreoireachta ar na buachaillí sin, a Athair.

SAGART ÓG. Cad a thugann tú ar an uirlis ghránna bheálscaoilte sin atá acu ar phiolúr an gheata thall?

CAPTAEN. An Laoisghunna. Scaoileann sí cúig philéar per soicind.

SAGART ÓG. H'm. Cogar, a Chaptaein, cad a tharlódh do Phacaí Armstrong má bheireann sibh air ina bheatha?

CAPTAEN. Chuala tú an focal . . . "príosúnach?"

SAGART ÓG. Chuala . . . ní deas an focal é . . .

CAPTAEN. Creid uaim, a Athair, dá mbeirfinn ina bheatha ar Armstrong, dhéanfainn mo dhícheall é a shábháil ón mbás. Bhí sé ina chomrádaí agam—bhí sé ina Cheannfort orm—i rith Chogadh na Saoirse; is iomaí blúire bia a d'itheamar le chéile faoi na fálta glasa, is iomaí sin. Rud eile dhe, shábháil sé mo bheo ag Cath Bhearna na Long—bhí mé i mo ghiall ag na Tans, mé ceangailte i gcábán an Lancia acu: lámhaigh Pacaí an tiománaí—mhothaigh mé gaoth an philéir ag scinneadh trí mo chuid gruaige gur neadaigh sé go cruinn i gcloigeann an tiománaí.

SAGART ÓG. Bhí urchar maith aige?

CAPTAEN. Ní raibh a shárú san Arm. Chruthaigh sé arís é sa dorchacht aréir, nuair a chuir sé piléar piostail in inchinn Bhob Mhic Lochlainn. An Ceannfort a bhí orainn. Daidí Mac Lochlainn an leasainm a bhí ag na buachaillí air. Bhí meas ag páistí an bhaile air . . . 'om bhriathair, a Athair, má bheirtear ar Armstrong ina bheo, ba bheag le rá an íde a rinneadh ar Íosa Críost i gcomparáid leis an íde a imreoidh na buachaillí sin air!

SAGART ÓG. Ach nach bhfuil smacht míleata orthu? Nach bhfuil rialacha cogaidh ann?

CAPTAEN. Ní bhaineann rialacha ar bith leis an gcluiche seo againn. Ní cogadh é, ach faltanas pearsanta, fíoch bunaidh. Féinídiú atá ann, a Athair; féinídiú ar scála náisiúnta.

SAGART ÓG. Ar rith sé riamh leat go mbeadh seans gur ag Armstrong atá an ceart?

CAPTAEN. Rith. Go minic. Ach ní thuigeann tú saighdiúirí, a Athair. Níl ceart ná mícheart i gceist a thuilleadh. Ní fhanann anois acu ach an díoltas pearsanta; tuilleann an bás bás eile; tá an dá pháirtí againn mar a bheimis faoi gheasa gunnaíochta, agus leanfar den slad go dtí an deireadh dearg.

SAGART ÓG. (*ag breathnú ar a uaireadóir*) Tá sé ina thraigéide glan amach.—Ní fheadar conas tá ag éirí leis an Sagart Mór san agallamh leis an Máthair Oirmhinneach.

CAPTAEN. Tá mé faoin smacht míleata sin a luaigh tú. B'fhearr liom cead a fháil, ach le cead nó gan chead, tá mé chun an áit seo a ransú ó bhun go barr.

SAGART ÓG. Téanam ort go gcloisfimid cad a bheas le rá aici.

CAPTAEN. Cén sórt í, a Athair? Bhfuil sé deacair déileáil léi?

SAGART ÓG. An Mère Michele, an ea? H'm. B'fhearr liom m'aghaidh a thabhairt ar an Laoisghunna.

(*Amach leo beirt. Osclaítear doras an scáthláin go faiteach, sánn Armstrong a cheann amach. Is sine é de bhliain nó dhó ná de Búrca; fear slim téagartha, a dhreach cróndaite faoi ghrian agus gaoth. Tá cuma ainnis air, a chasóg ina giobal, a charbhat ar iarraidh, a léine scaoilte ag an scornach, lathach na ngort lena chuid bróg, a ghruaig chatach in aimhréidhe; níl snas ar leathar a sheanchreasa Sam Browne, ná ar an gcumhdach ina bhfuil a phiostal sáite. Duine é a bhfuil faghairt ann, gastacht intinne agus cumas cainte; ach ní réalaí é i ngnáthchiall an fhocail sin, mar is san aisling a mhaireann sé. Tá sé ar an dé deiridh d'easpa bia agus codlata, faghairt a anama amháin a choimeádann ar na cosa é. Tagann sé as an scáthlán amach, breathnaíonn go hairdeallach ina thimpeall mar a bheadh ainmhí allta ann, tugann faoi deara umar cloiche ina gcoimeádtar uisce báistí, sciurdann anonn chuige, cromann ar an uisce a ól suas ina bhasa go cíocrach. Cloiseann sé coiscéimeanna ag tarraingt ar an láthair agus scinneann sé thar chúinne as amharc. Tagann Maeisí isteach, ag cuardach a bascaeid chniotála a d'fhág sí ina diaidh. Tógann sí suas é agus iompaíonn chun dul amach. Nochtann Armstrong as a chúinne amach. Nuair a leagann sí súil air clúdaíonn sí a béal chun scread a mhúchadh. Stánann sé uirthi le meangadh an domblais.*)

MAEISÍ. Pacaí! Íosa Críost ár sábháil!

ARMSTRONG. (*go searbh*) Nach maith mar chastar orm thú, Iníon álainn Uí Mhuireagáin! Nach naofa atá tú—ní mheasfadh duine le breathnú ort gur pógadh riamh thú faoi chlapsholas na coille!

MAEISÍ. In ainm Dé, a Phacaí, impím ort imeacht go beo as seo. Tá sé ar do thóir—Emmet de Búrca—

ARMSTRONG. (*le seanbhlas*) An saighdiúirín galánta. Ag bogadach thart ina gheocach oifigigh faoi chulaith nua agus é bródúil as a chosa buí!

MAEISÍ. Ní haon chabhair duit an droch-chaint. Tá mé á rá leat go bhfuil an Captaen de Búrca sa Chlochar istigh ag iarraidh cead an áit a chuardach—

ARMSTRONG. Captaen! Go bhfóire Dia ar Éirinn! Liútálaí. Geocamán. A cheann cipín crochta san aer aige ag déanamh aithrise ar oifigeach de chuid Arm Shasana, is gan oiread samhlaíochta ina chloigeann istigh is a líonfadh a phíopa do leipreachán!

MAEISÍ. Impím ort, impím ort, a Phacaí—

ARMSTRONG. Mar a chéile do na Búrcaigh go léir. Feirmeoirí spadánta. Dearcadh amach na scológ acu ar an saol. Tóineanna móra fúthu, agus easpa samhlaíochta.

MAEISÍ. Maise, a Phacaí Armstrong, níor scar riamh leat an droch-theanga. Ach ní haon tráth cabaireachta é seo agat. Nach dtuigeann tú an tsáinn ina bhfuil tú?

ARMSTRONG. (*lámh leis ar bhota a ghunnáin*) Bog leat tamall i leataobh, a mhuirnín. Tá féirín beag anseo agam don bhastard sin de Chaptaen má thagann sé,—níor mhaith liom gur trí do chroí beag, crua, dearóil féin a rachadh sé.

MAEISÍ. Feicim anois nach raibh riamh ionat ach babhsaí i do chroí istigh.

ARMSTRONG. Agus le sciorta fada, nó gan sciorta fada, is tusa an bhitseach bheag, phostúil, chéanna is a bhí ionat gach aon lá riamh.

MAEISÍ. Ní éistfidh mé lena thuilleadh den ghlagaireacht gharbh sin uait. Fad ó shin bhí deireadh comhrá déanta idir an bheirt againn. (*Ag imeacht, faoi chorrabhuais*).

ARMSTRONG. (*go mealltach*) A Mhaeisí . . .

(*Maolaíonn ar a coiscéim.*)

ARMSTRONG. A Mhaeisí, a mhuirnín . . .

(*Stadann sí faoi dhraíocht a ghlóir, casann a ceann.*)

MAEISÍ. Sea, a Phacaí?

ARMSTRONG. Bhí grá eadrainn tráth.

MAEISÍ. Bhí. Amaidí na hóige. D'imigh an lá sin.

ARMSTRONG. Cén fáth? Cad ba chúis duit an gúna fada, an bóna beadaí, an fhallaing leibideach sin ar do ghruaig? A Mhaeisí, cén fáth a ndearna tú é seo orm?

MAEISÍ. Tá's agat féin cén fáth.

ARMSTRONG. An oíche sin i gcoill Chreagán na hAirne?

MAEISÍ. An oíche sin i gcoill Chreagán na hAirne, go díreach. Chuir tú gránnacht an tsaoil i dtuiscint dom an oíche sin. Chuir tú i dtuiscint dom an gháirsiúlacht a bhaineas leat agus le grá fir ar an talamh seo. Léiríodh dom graostacht chollaí an duine dhaonna, chuir mé an oíche tharam mar a bheadh tromluí marfach ann, agus chinntigh mé an mhaidin dár gcionn go dtabharfainn mo chúl leat go deo, go dtabharfainn mo chúl le drúis an tsaoil, is go rachainn in éineacht le Nuala ar a bealach go Clochar na nAingeal Naofa isteach.

ARMSTRONG. D'fhág tú rian do bhoise ar mo leiceann.

MAEISÍ. D'fhág tú rian do gháirsiúlachta ar m'anam istigh.

ARMSTRONG. A Mhaeisí, a thaisce . . .

MAEISÍ. Sea, a Phacaí?

ARMSTRONG. Suigh síos.

MAEISÍ. (*faoi mhothú*) Ní féidir—ní féidir liom. Nóiméad

ar bith beidh Nuala ag teacht—beidh siad go léir ag teacht—

ARMSTRONG. Suigh síos!

(*Suíonn sí, faoi rialú ag a chumas ceansaithe.*)

MAEISÍ. In ainm Dé, a Phacaí Armstrong, cad tá ag teastáil uait?

ARMSTRONG. Tá ocras orm....

MAEISÍ. Ach cad is féidir liomsa a dhéanamh? Tá mé faoi riail agus faoi údarás sa teach seo—

ARMSTRONG. Bhí tráthnóna ann, an bheirt againn inár suí chois abhann, bhí gúna den síoda rósdearg ort agus do chuid gruaige ina slaoda geala ar do ghuaillí mar seo—

MAEISÍ. (*go ciaptha*) Ná déan, ná déan, a Phacaí—

ARMSTRONG. Agus dá n-iarrfainn giota aráin ort an tráthnóna sin, bheadh sé le fáil agam.

MAEISÍ. A Mhuire Mháthair, déan trócaire orm.

ARMSTRONG. Agus bhí maidin ann, an mhaidin tar éis dúinn cath Bhearna na Long a chur ar Ghaill—bhí mé sínte sa tuí i scioból do mháthar; cheap tú go raibh mé i mo chodladh agus shleamhnaigh tú isteach—

MAEISÍ. Ó ní dhearna! Ní dhearna mé riamh é—ag brionglóideach a bhí tú.

ARMSTRONG. Tháinig tú isteach, chrom tú os mo chionn, mhothaigh mé boige do ghruaige ar m'éadan, leag tú póg éadrom ar chlár mo bhaithise. Agus dá n'iarrfainn giota aráin ort an mhaidin sin, a Chríost mhilis! bheadh sé le fáil agam.

MAEISÍ. Réabann tú an croí ionam. Is mé an ball is nua agus is lú cumhacht sa teach seo—níl sé ar mo chumas fiú giota aráin a shíneadh chugat.

ARMSTRONG. Tig leat rud amháin a dhéanamh dom.

MAEISÍ. Cad é?

ARMSTRONG. Bain an fhallaing ghránna sin de do chuid gruaige.

MAEISÍ. Tá deireadh leis sin, tá deireadh leis!

ARMSTRONG. Sinne na hóglaigh a mhaireann ar na móinteáin agus ar na cnoic amuigh, ní ar an arán amháin ná ar na prátaí lofa a mhairimid. Is ar an aisling a mhairimid. An Phoblacht, an ea? Éire, an ea?—cad tá iontu sin ach ainmneachateibí, ní cothaíonn siad corp ná samhlaíocht an té atá ina luí ar a bholg faoi ibhfliuchrasoíche. Bhfuil fhios agat cad a shamhlaítear dúinn, saighdiúirí, ar an bhfraoch amuigh?

MAEISÍ. Ní fheadar . . .

ARMSTRONG. Aghaidh mná. Aghaidh na máthar, b'fhéidir, nó aghaidh deirféar, nó aghaidh ár gcéadseirce. I mo chás-sa de, cad is dóigh leat a chothaíonn an t-anam ionam agus mé gan bhia gan deoch, gan codladh na hoíche ag imeacht trasna na gcnoc i mo ghealtán gunnadóra? Aghaidh Mhaeisí Uí Mhuireagáin, agus áilleacht a cuid gruaige ag sileadh ina timpeall.

MAEISÍ. (*i gcogar*) Ní raibh fhios agam.

ARMSTRONG. Sin is Éire dom ionchollaithe, agus is Poblacht. (*Sos beag.*)

MAEISÍ. Tá meascán mearaí orm—do mharaigh tú m'intinn.

ARMSTRONG. (*le hathrú gutha*) Tháinig mé thar an mballa le breacadh an lae mar bhí bia de dhíth orm, bhí sos agus codladh agus cró beag folaithe de dhíth orm, ach bhí rud níos mó ná sin uile de dhíth orm a thiomáin thar an mballa sin isteach mé,—bhí tusa de dhíth orm.

MAEISÍ. Scoir de, scoir de in ainm Dé. Nach bhfeiceann tú an chaoi a bhfuil an scéal agamsa?

ARMSTRONG. Maith dom, a Mhaeisí, maith dom an oíche sa choill, nóiméad mífhoighne—briseann sé ar chuile fhear a ngéilleann cailín a béal dó—

MAEISÍ. Ach níor ghéill, níor ghéill—

ARMSTRONG. Maith dom an oíche sa choill.

MAEISÍ. Maithim duit é, a Phacaí, ó mo chroí amach.

ARMSTRONG. Cruthaigh dom é, a chailín. Bain díot an fhallaing dhamanta sin agus scaoil do cuid gruaige ar do ghuaillí anuas.

(*Déanann sí méirínteacht ar an bhfallaing, í idir dhá chomhairle; staonann, fáisceann a lámha ina chéile.*)

MAEISÍ. Ní fhéadaim, Ní fhéadaim! Tá an crann curtha. Tá mo chúl tugtha agam do shaol na gruaige gile. (*Titeann sí ar a glúine os comhair na deilbhe*). Ó a Naomh Mícheál, a Ardaingil, cabhraigh liom sa chruachás ina bhfuil mé.

(*Folaíonn sí a súile, racht goil ag réabadh faoina heasnacha. Siúlann Nuala isteach, fuadar diongbháilte fúithi.*)

NUALA. Gabhaigí mo leithscéal as cur isteach oraibh, ach beidh siad ag filleadh ar ball beag.

ARMSTRONG. (*go fonóideach*) Bhail, dar a bhfuil ag an bPápa! Nuala stuama staidéarach de Búrca? Nach bhfuil ionadh ar bith ort mé a fheiceáil?

NUALA. Níl. Bhí mé ag cúléisteacht—ag faire daoibh. Ní raibh dul as agam.

MAEISÍ. (*ag rith chuici, ag folú a haghaidhe ar a gualainn*) Ó, a Nuala a chroí, cad a dhéanfaidh mé ar chor ar bith?

NUALA. Triomaigh do shúile, a dheirfiúirín. Ní fiú duine ar bith de na buachaillí gunna seo go gcaoinfeá deoir ar a shon.

ARMSTRONG. Is fuar an fháilte a chuireann tú roimh do sheanchomrádaí, a Nualaitín.

NUALA. Is fuar. Maithim duit an masla béil a thug tú do mo dhearthháir, maithim duit fiú an piléar a chuir tú i mBob Mac Lochlainn aréir, ach ní mhaithfidh mé go deo duit an crá croí a thug tú don chailín seo.

MAEISÍ. Ná bí ró-chrua air, a Nuala. Glac trua don tsáinn ina bhfuil sé.

ARMSTRONG. Níl do chuid trua ag teastáil uaim, a Iníon mhilis mhailíseach de Búrca. Ar aghaidh leat, abair le do dhearthháir glasuaine go bhfuil Pacaí Armstrong, a Cheannfort, anseo ag feitheamh leis.

NUALA. Ní dhéanfad. Ní ar do shonsa, a ghunnadóir, ach ar son Mhaeisí anseo.

MAEISÍ. A Nuala a stór, cad is féidir linn a dhéanamh?

NUALA. D'iarr an mac seo giota aráin orainn. Tá go maith. Rachaimid go dtí an chistin agus gheobhaimid giota aráin dó—

MAEISÍ. Ach—beidh orainn é a ghoid—

NUALA. Beidh.

ARMSTRONG. Maise, ní haon chleas nua agat an ghadaíocht, a Nuala. Is tú an gadaí is fearr dá raibh againn i rith an Chogaidh.

NUALA. Agus déanfaimid giota gadaíochta eile don mhac seo, a Mhaeisí,—goidfimid eochair an scáthláin sin thall;

coimeádann Murtach bláthphotaí agus bleibíní ann, beidh tú seascair go leor istigh ansin. Baineann an gairdín seo linne, na Nuasacháin, ní thagann na mná rialta eile anseo ach an Mháistreás amháin. Tig leat an glas a chur ar an doras ón taobh istigh.

ARMSTRONG. Mo ghrá thú, a Nualaitín!

NUALA. Grá?—Ní thuigeann tú an focal.

(*Dearcann an bheirt go naimhdeach ar a chéile seal nóiméid, sula scuabann sí léi amach.*)

MAEISÍ. (*ag moilliú, leagann sí lámh ar a ghualainn*) Go sábhála Dia thú, a Phacaí.

(*Tógann sí a bascaed agus brostaíonn de sciotán amach. Fanann Armstrong tamall ag dearcadh amach an bealach a ndeachaigh siad.*)

ARMSTRONG. An grá, a deir sí,—ní thuigeann tú an focal . . .

BRAT

GNÍOMH A DÓ

(*Tamall ina dhiaidh sin. Doras an scáthláin iata, an gairdín folamh, na bláthanna ag tál a gcumhrachta faoi ghrian, spideog nó dhó ag bícearnach i meirbhe an mheán lae.*

De ghluaiseacht mhall státúil, seo chugainn trí áirse isteach an Mháthair Oirmhinneach, an Mère Michele de Lattre-Tassigny. Bean chaol chruinndéanta a bhfuil na trí scór scoite aici. Ach amháin na guaillí a bheith pas beag crom uirthi, ní mheasfá go raibh an daichead slánaithe aici. Maide caol ina glac a bhfuil cnapán airgid ar a bharr, is mó de chomhartha oifige ná de chabhair choisíochta aici é. Is bean acmhainneach, luathintinneach í, aisteoir ina croí istigh, an dínit, an tuiscint, agus acmhainn an ghrinn insníofa ina pearsantacht. Bíonn an mothú faoi smacht na haigne aici i gcónaí: má dhéanann sí í féin a dhrámú agus má bhriseann geáitsí beaga géag agus cleasa gutha uirthi ó am go ham, is tréithe seachtracha dá pearsantacht iad sin, agus fanann an aigne ghrinndearcach agus an sprid dholúbtha aici faoin iomlán.

Ó Champagne na Fraince di, duine den uasaicme, an traidisiún míleata ina cuislí, taithí aici ar réalachas an tsaoil san Fhrainc, i gCeanada, agus sa Róimh. Tuigeann sí an dá thaobh, an gá leis an gcogadh, an gá leis an tsíocháin: an gá leis an rialtas, an gá leis an éirí amach. Dála na misteach go léir tá sí praiticiúil; rialaíonn sí a teach go cruinnchúiseach, ach tá sí chomh cleachta sin ar an bpaidir agus ar an bhféinsmachtú go maireann sí ar imeall an dá shaol, agus labhraíonn sí leis an Ardaingeal Mícheál chomh furasta is a labhraíonn sí leis an ngarraíodóir. Tá crois airgid sáite ina crios, agus fáisceann sí go minic í faoi mar a bheadh claíomh ann. An claíomh is siombail di, mar tá an Eaglais Mhíleatach mar dhúnghaois aici; glacann sí leis an téarma sin sa chiall shaolta chomh maith lena chiall spioradálta. Is rún aici cumhacht na hEaglaise a chur chun cinn agus gaisce a dhéanamh ar son na hEaglaise ina coimhlint leis an saol agus leis an Stát. Tá dearcadh na hEorpa aici i leith na coimhlinte sin, agus sin ceann de na fáthanna ar tugadh Ord na nAingeal Naofa go hÉirinn sa naoú haois déag, agus ar ardaíodh an Mère Michele ina ceannaire air i dtosach na haoise seo.

Is é an locht is mó ar a carachtar ná go bhfuil sí pas beag dall ar ghnáthphaisean an ghnáth-dhuine. Ag beartú ardpholasaí eaglaisiúil di agus á chur i gcrích, tá contúirt ann go gcuirfidh sí daoine thar a n-acmhainn—daoine nach bhfuil an toil chomh foirfe iontu agus nach bhfuil paisean an chroí faoin diansmacht céanna acu is atá aici féin. Ach táimid dall ar na cúrsaí sin nuair a léirítear den chéad uair dúinn í: bean rialta uasal, thaitneamhach, luaineach. Dearcann sí na bláthanna timpeall ar an dealbh, síneann bun a maide chucu, labhraíonn leis an Aingeal.)

MÁTHAIR. Cad seo, a Mhíchíl? Bláthanna i do thimpeall? . . . Ó—tuigim—*les jolies enfants.* Chuimhnigh siad ar lá mo fhéile. An Dearg agus an Bán: Maeisí—Nuala: an tine—an solas. *Ah, les jolies enfants.* Beannaigh iad, a Mhíchíl, a sheansaighdiúir; beannaigh an cailín dearg . . . agus bíodh cúinne faoi leith i do chroí don chailín bán.

(*Gearrann sí fíor na croise uirthi féin, tagann anuas, breathnaíonn go fiosrach ina timpeall, tagann an scáthlán faoi raon a súl, siúd léi anonn chuige, ardaíonn an laiste, leathosclaíonn an doras, agus dearcann isteach. Lastar an solas istigh i slí is go léirítear dúinn tríd an mballa trídhearcach an radharc a fheiceann sí istigh: Armstrong sínte sa tuí, é ina shámhchodladh.*

Dúnann sí an doras go ciúin cúramach, cuireann a droim leis, fáisceann an chrois, ag déanamh a machnaimh. Ardaíonn sí a ceann go tobann, agus a glór.)

MÁTHAIR. A Mhurtaigh! (*Buaileann sí cos a maide den talamh go mífhoighneach.*) A Mhurtaigh!

(*Brostaíonn Murtach isteach.*)

MURTACH. Sea, a Mháthair?

MÁTHAIR. Cad is ciall leis seo?

MURTACH. (*ag tochas a chinn*) Le cén rud, a Mháthair?

MÁTHAIR. *Imbécile*! Na bláthanna. An bán agus an dearg.

MURTACH. Ó, sin agat na stompóga soibealta sin—gabh mo leithscéal, a Mháthair, na Nuasacháin ba chóir dom a rá.

D'ordaigh an ghirseach sin Nuala dom bláthanna bána a chur ann, ach d'ordaigh—

MÁTHAIR. (*le mífhoighne*) Tá's agam, tá's agam, Ach tá an tríú dath in easnamh! Cá bhfuil an gorm?

MURTACH. An gorm?

MÁTHAIR. Bhfuil bláthanna gorma ar bith agat?

MURTACH. Tá. Nóiníní na Féile Míchíl ansin—

MÁTHAIR. Ar fheabhas! Bain dornán díobh agus cuir anseo iad. Deifrigh.

MURTACH. (*ag bogadh leis go hamhrasach*) Gorm, an ea? .. Dearg, bán, agus gorm?—Craidhps, an é gur mian leat an Union Jack a thaispeáint?

MÁTHAIR. *Pouf*! Don diabhal leis an *Union Jacques*. An Trídhathach atá uaim: an gorm, an bán agus an dearg— Trídhathach na Fraince, bratach an *Révolution*! Déan deifir.

(*Bíogann Murtach chun oibre, ag gearradh na nóiníní gorma agus á gcur i mbláthchuacha.*)

MÁTHAIR. (*a leath chuig Murtach, a leath chuici féin*) *Ah, la belle France*, a Mhurtaigh, *la belle France*! An mháirseáil, an t-éirí amach, an *Marseillaise*. (*Seasann sí os comhair dhoras an scáthláin ag breathnú air le meangadh tuisceanach gáire.*) *Enfants de la patrie*. Ceolann an seandán máirseála i mo chluasa. Nach gcloiseann tú é, a Mhurtaigh?

MURTACH. Bhail, a Mhaimeo, chun an fhírinne a rá . . . ní chloisim.

MÁTHAIR. (*ag aithris di féin*)

"*Allons, enfants de la patrie,*
Le jour de gloire est arrivé . . . "

Inniu, a Mhurtaigh, Lá Fhéile Míchíl—*le jour de gloire est arrivé*!

MURTACH. Féach, a Mháthair, bhfuil fhios agat go bhfuil na huaisle ar do lorg?

MÁTHAIR. Tá.

MURTACH. Tá an Clochar a chuardach acu ó bhun go barr ag iarraidh teacht ort.

MÁTHAIR. D'éalaigh mé uathu. Tá mé buíoch díot gur rug tú an scéala chugam roimh ré. Thug tú seans dom mo smaointe a dhéanamh. Is seanchairde sinn, tuigimid a chéile, *n'est-ce pas*?

MURTACH. Aidh. Tuigeann Tadhg Taidhgín.

MÁTHAIR. A Mhurtaigh, a sheanchara liom, bhfuil paidir ar bith agat?

MURTACH. Creidim go bhfuil cúpla ceann fágtha agam.

MÁTHAIR. Abair an cúpla ceann sin ar mo shon. Impigh ar *le bon Dieu* rud beag amháin a thabhairt dom inniu—inniu—misneach! (*Leagan sí lámh ar a bhacán.*)

MURTACH. Tá tú ar crith, a Mhaimeo.

MÀTHAIR. Néaróga. (*Tiontaíonn sí i dtreo na deilbhe, tarraingíonn an chrois as a crios mar a bheadh claíomh ann*). Amach leat anois agus abair leo go bhfuil mise anseo, ag feitheamh leo.

MURTACH. Treise leat. Pé ar bith cluiche atá ar siúl agat, tá mise ar do thaobh. (*Amach leis.*)

MÁTHAIR. (*ar a glúine*) A Mhíchíl, a Ardaingil, a sheansaighdiúir na Tríonóide, guigh orm sa chruachás ina bhfuilim an lá seo. Tabhair misneach dom ar an ród seo romham—misneach, a Mhíchíl, misneach . . .

(*Tagann an Sagart Mór isteach, an Captaen, an Mháistreás agus an Sagart Óg, seasann siad thart go hómósach ag breathnú uirthi. Gearrann sí fíor na croise uirthi féin go sollúnta, seasann agus tugann aghaidh orthu, í ar leibhéal níos airde, an dínit ina dreach, an tiarnas is dual d'uasaicme na hEaglaise le sonrú ar a hiompar is ar a guth nuair a labhraíonn.*)

SAGART MÓR. (*go foirmiúil, chun a mhíshuaimhneas a cheilt*) Go mbeannaí Dia duit, a Mháthair Oirmhinneach.

MÁTHAIR. Go mbeannaí Dia is Muire daoibh, a mhóruaisle.

SAGART MÓR. Is—a—h'm—Is mian liom an Captaen Emmet de Búrca d'Arm Náisiúnta na hÉireann a chur in aithne duit. Dearthái é do Nuala de Búrca atá ina nuasachán agaibh anseo.

(*Seasann an Captaen ar aire agus beannaíonn de chúirtéis mhíleata, umhlaíonn an Mháthair dó sa mhodh Eorpach.*)

MÁTHAIR. Céad fáilte romhat go dtí an teach seo, a Chaptaein.

CAPTAEN. Go maire tú, a Mháthair.

MÁTHAIR. Gabh i leith, a mhic.

(*Anonn leis go bun an ardáin ísil a bhfuil sí ina seasamh air, cromann sí chuige is cuireann lámh ar a ghualainn.*)

MÁTHAIR. Is breá liom an fhearúlacht. Is clos dom go ndearna tú cion fir ar son na tíre seo againn?

SAGART MÓR. Mh'anam go ndearna!

CAPTAEN. (*beagán trína chéile ag an gcórtas seo*) Dhera, níor mhór le rá é.

MÁTHAIR. Ba mhór. Agus is mó ná sin fós atá á dhéanamh agat ar son na tíre an lá tá inniu ann.

SAGART MÓR. I nDomhnach, ach gur fíor duit an focal sin!

MÁTHAIR. Tá mé lán dáiríre. Tá sé éasca go leor troid a dhéanamh ar son na hÉireann nuair atá an sean-namhaid ann agus an seanfhaltanas stairiúil ag coipeadh na fola ionat, do mháthair agus do dheirfiúr agus do leannán ar aon intinn agus ar aon choiscéim leat; tá sé éasca go leor bás a fháil ar son na hÉireann nuair nach bhfuil ceist ar bith i do chroí. Ach nuair atá an cogadh thart agus an namhaid imithe—

MÁISTREÁS. Má tá sé thart—

SAGART ÓG. Má tá sé imithe—

MÁTHAIR. Nuair atá an cogadh, dála gach cogaidh, leathbhuaite, agus an namhaid, dála gach namhaid, leathimithe, níl sé éasca do ghunna a dhíriú ar do chompánach troda chun síocháin a bhuanú.

MÁISTREÁS. Ach ní thuigeann tú, *ma Mère*—

MÁTHAIR. Tuigim, tuigim, Jeanne Marie. Chuaigh mise le saighdiúireacht nuair a bhí mé óg agus tá fios mo labhartha agam sna cúrsaí seo. Tá sé éasca go leor troid a dhéanamh agus bás a fháil ar son na haislinge, ach níl sé éasca troid a dhéanamh agus bás a fháil ar son rud chorportha, phraiticiúil, neamh-fhoirfe ar a dtugtar Saorstát!

(*Tost beag machnaimh.*)

CAPTAEN. Tá mé faoi chomaoin agat, a Mháthair.

SAGART MÓR. Táimid go léir faoi chomaoin aici. Sin í an chaint. An gcloiseann tú, Jeaic?—tig le gach bobarún béalscaoilteach agus gach Caitlín Ní Uallacháin agaibh an seandruma a bhualadh ar son na Poblachta, ach tógann sé fear, fear a deirim, chun an fód a sheasamh ar son dlí agus ceartrialtais!

MÁISTREÁS. (*go teasaí*) Ba bhreá uait an teoragán sin, a Athair, dá mbeadh ceartrialtas againn—

SAGART MÓR. Nach bhfuil Dáil Éireann againn?

MÁISTREÁS. Ceartrialtas, a dúirt mé. Rialtas a d'achtódh an polasaí Poblachtach ar ar toghadh iad!

MÁTHAIR. Bí i do thost, Jeanne Marie!

MÁISTREÁS. Ach, *ma Mère*, ní thuigeann tú polaitíocht na tíre seo—

MÁTHAIR. Tuigim. Tír nó tír eile, is ionann don pholaitíocht. Athraíonn na foirmeacha agus na roisc chatha, ach go bunúsach is é an míshuaimhneas céanna i gcónaí é—*hé politiké:* dráma anam an duine, an croí deighilte, an mac i ngleic leis an athair, an bráthair i ngleic leis an mbráthair, traigéide an duine á léiriú ar an ardán sealadach seo againn. Níor éirigh, ní éiríonn, agus ní éireoidh go deo leis an éirí amach, go dtí an t-éirí amach síoraí.

SAGART MÓR. (*go fuastrach*) Ceart, ceart. Ach tá an t-am ag sleamhnú thart agus tá deifir ar an gCaptaen—

MÁISTREÁS. Ní maith liom chur i do choinne, *ma Mère;* tuigimid an cur amach atá agat ar an saol agus ar an bhfealsúnacht; ach is ceist náisiúnta í seo, ceist Éireannach.

MÁTHAIR. (*go grod*) Is Éireannach mé. Le fiche bliain anuas tá mé ag maireachtáil ar arán, ar aeráid agus ar phaidir na hÉireann. Agus deirim go diongbháilte go bhfuil bród orm ag deireadh thiar bheith ag fáilitiú roimh an ngasúr seo mar bhall d'Arm Náisiúnta na hÉireann!

SAGART MÓR. Baidh gar, sin é an stuif! (*Leis an Sagart Óg*) Cuir sin i do chonsairtín, a bhuachaill, agus bain tiúin as!

CAPTAEN. (*ag cuimilt méire faoina bhóna*) Ní—a—óráidí mé, a Mháthair, ach —a— ba mhaith liom buíochas an Airm, sea—buíochas an Airm, a ghabháil leat. Ach ní cuairt oifigiúil í seo agam; leis an bhfirinne a rá, tháinig mé chun an—a—chun an . . .

MÁTHAIR. *Oui, Capitaine!* Tháinig tú chun do dheirfiúr a fheiceáil. Cailín breá í, cailín ciúin, tá an *esprit* inti, an misneach. Beidh an tOrd Beannaithe seo á rialú aici lá éigin.

MÁISTREÁS. (*go hamhrasach*) H'm . . . b'fhéidir.

MÁTHAIR. Níl b'fhéidir ar bith ann. Tá bua amháin ag Nuala de Búrca, bua is dual don lucht ceannais, is cuma san Arm iad nó sa Chlochar: is féidir léi rún a croí a choimeád di féin.

(*Ní théann an nod seo amú ar an Sagart Óg; dearcann sé ón gcúlráid le meangadh beag tuisceana don chluiche atá á imirt ag an Máthair.*)

CAPTAEN. Is maith liom tú sásta léi. Ach ar mhiste leat cead a thabhairt dom—

MÁTHAIR. Níor mhiste. Tugaim cead duit comhrá fada a dhéanamh léi, agus fanfaidh tú chun an lón a chaitheamh.

CAPTAEN. Tá mé faoi chomaoin agat, ach an bhfeiceann tú, tá—tá gnó beag le déanamh agam. Ba mhaith liom—an gairdín seo a chuardach.

MÁTHAIR. *Eh? Quoi?*

SAGART MÓR. Dualgas atá le comhlíonadh ag an gCaptaen. Tá fear á chuardach aige—

MÁTHAIR. Fear?

SAGART MÓR. Gealtán gunnadóra, méirleach—

SAGART ÓG. An Ceannfort Pádraig Armstrong d'Arm na Poblachta.

MÁTHAIR. *Ah*? Fear na haislinge.

MÁISTREÁS. D'éalaigh sé uathu sa choimheascar aréir. Ceapann an t-oifigeach seo go bhfuil seans ann gur i bhfolach atá sé i ngairdíní an Chlochair.

CAPTAEN. (*go humhal ach go daingean*) An dtuigeann tú, a Mháthair, déanfaidh mé féin an cuardach, ní ligfidh mé duine ar bith eile isteach, beidh mé díscréideach—

MÁTHAIR. Ó, tá mé cinnte go mbeidh tú díscréideach, *Capitain.*

CAPTAEN. (*le hosna faoisimh*) Go raibh maith agat. Tosóidh mé láithreach—

MÁISTREÁS. Fan, a oifigigh! I gcead duit, *ma Mère*, is mírialta ar fad na cúrsaí seo. Is talamh eaglasta é seo, an Caisleán, agus na tailte go léir a bhaineann leis: cá bhfuil barántas an oifigigh seo chun teacht isteach air agus é a chuardach?

MÁTHAIR. Ó, ní thiocfadh sé isteach gan barántas cuardaithe. Taispeáin don Mháistreás é, *Capitaine*–is duine pointeáilte í sna cúrsaí seo.

CAPTAEN. Barántas scríofa, an ea? Bhail, leis an bhfírinne a rá, níl a leithéid agam.

MÁISTREÁS. Nach maith a bhí fhios agam é!

MÁTHAIR. Ach, ní haon dochar é sin, Jeanne Marie. Tig leis dul amach agus barántas scríofa a fháil óna oifigeach ceannais—an Ginearál, nó an Coirnéal, nó an—

SAGART ÓG. An Ceannfort.

CAPTAEN. Ní féidir liom. (*Go grod*) Tá an Ceannfort marbh.

SAGART MÓR. Bob bocht Mac Lochlainn, go ndéana Dia trócaire ar a anam.

CAPTAEN. Chuir Armstrong piléar piostail ina cheann aréir.

MÁTHAIR. Ach nach bhfuil leas-cheannaire agaibh, fear ionaid?

CAPTAEN. Tá. Mé féin.

MÁISTREÁS. Tá tú an-óg don chúram sin, a bhuachaill.

CAPTAEN. Níl leigheas agam air sin. Tá an limistéar seo faoi rialtas míleata; tháinig mé isteach anseo ar m'údarás féin.

MÁTHAIR. Go maith, a mhic. Is breá liom do sprid. Anois, Jeanne Marie, an bhfuil tú sásta?

MÁISTREÁS. Nílim, ná leathshásta! Is fíor go bhfuil an limistéar faoi rialtas míleata, ach taobh istigh de na ballaí seo níl an talamh faoi rialtas míleata.

CAPTAEN. Níl fhios agam faoi sin—

MÁISTREÁS. Ach tá fhios agamsa! Talamh eaglasta é seo againn, agus é faoi rialtas ag an Eaglais amháin.

CAPTAEN. Ach ní aithníonn an dlí talamh eaglasta—

MÁISTREÁS. Dlí na Breataine! Ach táimidne ag seasamh sa chás seo ar dhlíthe na Críostaíochta, agus ar sheandlíthe na hÉireann.

MÁTHAIR. *Hélas*! Táimid i bponc.

SAGART MÓR. De réir mar a thuigimse an scéal, tá dlíthe na Breataine i bhfeidhm go fóill sa Saorstát.

MÁISTREÁS. (*le binb*) An bhfuil? Cad chuige an t-éirí amach mar sin? Cad chuige an doirteadh fola?

MÁTHAIR. Bí i do thost, Jeanne Marie. A Athair Jacques, níl

tada á rá agat. Nach féidir leat cabhrú leis an saighdiúir óg seo sa deacracht ina bhfuil sé?

SAGART ÓG. Ní fheicimse deacracht ar bith ann. Más talamh eaglasta é seo, agus más mian leis an oifigeach é a chuardach, níl le déanamh aige ach barántas a fháil ón údarás eaglasta—tú féin, a Mháthair—nó an Sagart Paróiste.

MÁTHAIR. Ar fheabhas. Anois, *mon Père—*

MÁISTREÁS. Tusa an t-údarás, *ma Mère*. Ceist í seo a bhaineann le rialú inmheánach an Chlochair. Tú féin an t-údarás.

MATHÁIR. Ní hea, Jeanne Marie. Sa chás seo, géillim d'údarás an tSagairt Pharóiste.

SAGART MÓR. H'mph. An rud is annamh is iontach.

CAPTAEN. Cad deir tú, a Athair?

SAGART MÓR. (*go sollúnta*) A-hem. Ag labhairt tar ceann na hEaglaise dom, agus faoi m'údarás mar Shagart Paróiste, tugaim cead iomlán canónta duit, a Chaptaein, gairdíní agus tailte an Chlochair seo a chuardach.

CAPTAEN. Go raibh maith agat.

MÁTHAIR. Go maith. (*Tógann sí an leabhrán nótaí atá ag sileadh óna crios, agus síneann chuige é.*) Tig leat an ceadúnas a scríobh amach agus a shíniú.

SAGART MÓR. (*baintear stad beag as*) É a scríobh duit an ea? . . . Ceart. Mh'anam go scríobhfaidh mé é agus fáilte! (*Tógann sé a pheann amach, baineann an caipín de go mustarach.*) Sea anois, conas is fearr dom é a rá?

MÁTHAIR. Is cuma. Líne nó dó ag cur i gcéill go mbeidh tú freagrach sa ghnó seo—rud beag ar féidir liom a thaispeáint don Easpag.

SAGART MÓR. (*Baintear mórstad tobann as.*) A Thiarcais! Don Easpag an ea? An Lead Mór?—Ó hí hea, go raibh maith agat—(*ag cur an chaipín ar a pheann ar ais go daingean*)—níl mise chun teacht salach ar an Lead Mór. Ó ní hea. Is ró-chríonna an madra mé chun an giorria sin a chúrsáil. Seo duit do leabhrán, a bhean. Is binn béal ina thost nuair a thagann an Pálás isteach sa scéal!

CAPTAEN. Ach cad is féidir linn a dhéanamh mar sin?

SAGART MÓR. Déan do rogha rud, a mhic. Ach níl mise chun mo ladar a chur isteach in argóint ar bith a thagann faoi bhráid ag Séamas-trí-ghrásta-Dé.

CAPTAEN. Ach dúirt tú, a Athair.—

SAGART MÓR. Ní dúirt mé tada, a mhic. Tá ceangal na gcúig gcaol ar mo theanga.

SAGART ÓG. Séard a mholfainn duit, a Athair, ná go labhrófá leis an Easpag ar an teileafón agus go gcuirfeá an cheist faoina bhráid.

SAGART MÓR. (*idir dhá chomhairle*) An dóigh leat é, a mhic , an dóigh leat é? I nDomhnach, is cuma cad a dhéanfas mé, beidh an Lead Mór sa mhullach anuas orm . . . (*Ag glanadh an allais dá éadan*) Sea mhaise, b'fhéidir nár mhiste dom bleidín beag cainte a bhualadh air.

MÁTHAIR. Jeanne Marie! Beir leat an tAthair Ó Conchúir go dtí an teileafón.

SAGART MÓR. (*ag breith greim uillinne ar an gCaptaen*) Tar tusa in éineacht liom, a ógánaigh, ag déanamh taca dom. A Thiarna! nach ort a bhí an donas teacht isteach anseo ar chor ar bith.

(*Siúd amach an Mháistreás, an Sagart Mór, an Captaen, agus an Sagart Óg á leanúint.*)

MÁTHAIR. A Athair Jacques! Nóiméad.

(*Tagann sí chun tosaigh, taom tuirse uirthi. Filleann an Sagart Óg, grinnbhreathnaíonn í.*)

SAGART ÓG. Is domhain an duine thú, a Mháthair.

MÁTHAIR. Níl mé chomh hóg is a bhí. Níl ionam na laethanta seo ach an toil agus conablach cnámh.

SAGART. Agus an croí, cá bhfuil sé?

MÁTHAIR. Caillte, a Athair. *O la la*! an croí bocht. D'fhág mé i mo dhiaidh é áit éigin ar mhachairí na mblianta.

SAGART ÓG. Is contúirteach an cluiche é seo ar siúl agat.

MÁTHAIR. Tá mé ag ceapadh gur Poblachtach tú féin?

SAGART ÓG. I bprionsabal. Ní don Saorstát ach don Phoblacht a rinneadh íobairt na Cásca.

MÁTHAIR. Tá tú óg. Ach tá tú éirimiúil. Nár chóir go dtuigfeá nach bhfuilimidne, aos cheannais na hEaglaise, faoi ghéillsine ag Poblacht ná ag Saorstát ná ag aisling pholaitiúil eile ar bith?

SAGART ÓG. Is Éireannach mé, agus is deacair dom gan páirt a ghlacadh i gcúis náisiúnta.

MÁTHAIR. Tá an Eaglais idirnáisiúnta agus osnáisiúnta.

SAGART ÓG. In Éirinn anseo, tá ceangal faoi leith idir an Eaglais agus an chúis náisiúnta.

MÁTHAIR. Ní Eaglais Éireannach í, ach Eaglais gan teorainn Stáit ar bith.

SAGART ÓG. Sin é an dearcadh Eorpach.

MÁTHAIR. (*go ciúin, ach le tromchiall*) Agus an dearcadh Rómhánach.

(*Siúlann sé suas ar na céimeanna, leagann a dhá bhois go smaointeach ar uchtbharr an bhalla.*)

SAGART ÓG. Cad is mian leat go ndéanfainn, a Mháthair?

MÁTHAIR. Tá do chuidiú de dhíth orm sa chogadh cathartha seo, an t-aon chogadh cathartha ar fiú trácht air: an seanchogadh: an Eaglais ar thaobh amháin, agus an Stát ar an taobh eile.

SAGART ÓG. Cén Stát?

MÁTHAIR. An Stát sin amuigh a bhfuil tú ag breathnu ar a chuid meaisínghunnaí. An Stát nua, an Rialtas *de facto*.

SAGART ÓG. Ach is Rialtas Caitliceach é—nó Críostaí ar aon chuma.

MÁTHAIR. *Pouf*! Rialtas parlaiminteach, liobrálach, bunaithe ar an daonlathas. Rialtas maolaigeanta macánta den mheánaicme chráifeach, gan stair, gan samhlaíocht, gan uasaicme éirimiúil, gan *mystique*, gan teacht aniar spioradálta: an sórt a athraíonn a sheolta de réir mar a shéideann gach nuaghaoth eacnamaíoch.

SAGART ÓG. Níor tharla sé sin.

MÁTHAIR. Tarlóidh. Feicfidh tú é. Aisling chreideamh na Cásca caillte, agus an gaimbíneachas *bourgeois* ag teacht i gcoróin, feicfidh tú é, sula gcríonann an folt sin gruaige ar do cheann.

SAGART ÓG. Cá bhfuil leas na hÉireann le fáil, mar sin?

MÁTHAIR. Mar a raibh leas na hÉireann agus na hEorpa riamh is choíche: san Eaglais amháin. Ní mór dúinn comhoibriú leis an muintir sin amuigh; ach ní mór dúinn a thabhairt le fios dóibh, ó thosach, go bhfuil teorainn lena gcumhacht agus lena gceart ag na ballaí sin.

SAGART ÓG. Bhí mé dall ar an taobh sin den scéal.

MÁTHAIR. Ní raibh mise dall air. Ní bheidh an tEaspag dall air.

SAGART ÓG. Cad tá ar intinn agat a dhéanamh?

MÁTHAIR. Inis dom, a Athair Jacques, cén sórt duine é an Armstrong seo?

SAGART ÓG. Mar a dúirt tú féin, fear na haislinge. Tá a athair ina ghiolla stábla ag an Teach Mór i gCreagán na hAirne. Ghabh Pacaí páirt sa ghluaiseacht náisiúnta ó tháinig sé i mbríste fir, agus nuair a tháinig cogadh na Tans ceapadh é ina Cheannfort ar an gCathlán. Fear luathintinneach, gníomhach. Tá a chuid eachtraí ina bhfinscéalta ag na daoine.

MÁTHAIR. (*le meangadh smaointeach*) Casadh orm é . . . uair amháin.

SAGART ÓG. Cá háit? Cathain?

MÁTHAIR. (*a súile ar strae i dtreo an scáthláin*) Bhí sé ag brionglóideach.

SAGART ÓG. . . . Feicim . . . Beidh tú cúramach, a Mháthair?

MÁTHAIR. Ní maith liom an focal.

SAGART ÓG. Tá cluiche contúirteach ar siúl agat. Ní leis an teibíocht atá tú ag plé—polasaí na hEaglaise nó polasaí an Stáit—ach le daoine, agus le paisean an duine. Daoine teasaí, a Mháthair, Éireannaigh; daoine óga . . . nár fhág an croí ina ndiaidh go fóill ar mhachairí na mblianta. Mholfainn duit bheith cúramach.

MÁTHAIR. (*ag fáscadh na croise*) Ní raibh an Mac seo cúramach.

SAGART ÓG. Sin scéal eile.

MÁTHAIR. Is é an seanscéal céanna i gcónaí é.

SAGART ÓG. Éist liom, a Mháthair. Má thagann an Captaen de Búrca ar Armstrong istigh anseo—

MÁTHAIR. Tabharfaidh mise tearmann dó!

SAGART ÓG. Tearmann?

MÁTHAIR. *Sanctuarium.*

SAGART ÓG. (*ag meabhrú*) *Sanctuarium* na hEaglaise, an ea? Tearmann na mainistreach don duine ag teitheadh ón dlí? Tá an nóisean sin as dáta, ní chloistear an focal *sanctuarium* inniu—

MÁTHAIR. Is focal Eorpach é, focal Críostaí.

SAGART ÓG. Ach—an Sagart Paróiste?

MÁTHAIR. *O la la*!

SAGART ÓG. Agus an tEaspag?

MÁTHAIR. Géillfidh mé do bhreith an Easpaig—má labhraíonn sé, agus nuair a labhraíonn sé.

SAGART ÓG. Tá misneach agat, a Mháthair.

MÁTHAIR. Beagán. Sin é an fáth ar chuir *le bon Dieu* na mná ar an saol.

(*Tagann Maeisí agus Nuala isteach faoi dheifir ar chúl, bascaed ag gach cailín acu ina bhfuil olann agus snáthaidí cniotála ar fhis. Baintear stad astu ar fheiscint na Máthar dóibh agus fágtar pas beag trína chéile iad.*)

MÁTHAIR. *Ah, les jolies enfants*! (*Feacann siad glúin an duine di go ciotrúnta*). Nach taitneamhach an luisne atá sna gruanna acu, a Athair Jacques? Ah, an óige, an óige.

MAEISÍ. (*ag breith ar a misneach*) Traoslaím leat do lá féile, *ma Mère*.

MÁTHAIR. Sonas ort, a thaisce. Tá tú ag obair,—nár thug Jeanne Marie lá saoire inniu daoibh?

MAEISÍ. Thug, ach, an dtuigeann tú, . . . giota beag cniotála . . .

MÁTHAIR. Ó, taispeáin dom. (*Tógann sí ceannbheart cniotálta as an mbascaed.*) *Mon Dieu*! Cad seo againn? Breathnaigh, a Athair Jacques—an *balaclava*.

MAEISÍ. Do na saighdiúirí, tá's agat.

MÁTHAIR. Ó, tá's agam *go maith*. Is minic a chaith mé féin ceann acu seo, oícheanta geimhridh í gCeanada. (*Ag iompú ar Nuala atá ina staic.*) Agus *ma petite* Nuala, cad tá agatsa—do na saighdiúirí bochta? (*Tógann sí stoca as bascaed Niuala.*) *Ma foi*! Cad é do mheas air sin, a Athair?

SAGART ÓG. (*á láimhseáil, ag dearcadh go fiosrach ar Nuala as cúinní a shúl*) Beidh na—saighdiúirí bochta—buíoch díot as seo, a Nuala.

MÁTHAIR. Ná cuirimis isteach a thuilleadh orthu. (*Tá nod an mhagaidh ar fhis ina glór.*) Tá siad ag ullmhú na rudaí deasa seo mar bhronntanas don *Capitaine* óg dathúil sin, tá's agat. Téanam ort, a Athair. Slán agaibh, a rógairí deasa.

(*Ligeann sí don Sagart dul amach roimpi, tá sí á leanúint nuair a scinneann Nuala ina diaidh.*)

NUALA. (*faoi thocht éigin*) Mère Michele!

MÁTHAIR. (*ag iompú chuici*) Cad é, a thaisce?

NUALA. *Ó ma Mère, ma Mère* . . . (*Teipeann uirthi a tocht a chur i bhfocail, leanann uirthi agus leathbhéal fúithi*)—go maire tú do lá mór.

MÁTHAIR. (*ag glacadh a guaillí idir a dá bhois*) Misneach, *ma petite*, misneach.

(*Leagann sí póg éadrom ar leiceann an chailín, agus siúlann amach go righin. Fanann Nuala gona bascaed ag amharc ina diaidh.*)

MAEISÍ. Nach ait go deo an duine í.

NUALA. (*ag méirínteacht ar an leiceann a pógadh*) Is ait . . .

MAEISÍ. Ba bheag nár thit mé i laige nuair a chuir sí lámh i mo bhascaed.

NUALA. (*ag bogadh chun gnímh*) Déan deifir. Tóg tusa an bia agus na balcaisí isteach chuige. (*Tógann sí arán agus na stocaí as a bascaed féin agus cuireann i mbascaed Mhaeisí iad.*) Fanfaidh mise anseo ag faire.

MAEISÍ. (*ag staonadh ó dhoras an scáthláin*) Ó, ní féidir liom, ní féidir, a Nuala. Téigh tusa isteach.

NUALA. (*ag brú na feirge faoina bruasa*) A óinseach! T'rom! (*Tógann sí an bascaed agus téann go doras an scáthláin.*) Fan tusa san airdeall.

(*Suíonn Maeisí i leataobh ar chúl, tógann an olann agus na snáthaidí as an mbascaed agus cromann ar chniotáil. Téann Nuala isteach sa scáthlán. Lastar an solas istigh i slí is go léirítear an radharc istigh tríd an mballa trédhearcach.*

Tá Armstrong sínte ina chodladh. Isteach léi go ciúin, leagann an bia agus na balcaisí amach dó, seasann sí tamall ag breathnú anuas air, cromann os a chionn, agus leagann póg éadrom ar chlár a bhaithise. Amach léi ar a barraicíní. Múchtar an solas istigh.

Lasmuigh di, dúnann sí an doras go cúramach, tógann eochair as a póca agus casann sa ghlas é, ansin cuireann sí an eochair faoi bhun an dorais isteach. Seasann agus cúl a cinn leagtha leis an doras ag cur taom laige di, tá séideadh faoina hucht).

MAEISÍ. (*ag éirí, ag brostú cúpla coiscéim ina treo*) A Nuala! Tá d'aghaidh chomh bán le sneachta—cheapfadh duine go bhfaca tú taibhse.

NUALA. Chonaic. Chuir sé maidin eile i gcuimhne dom . . .

MAEISÍ. Conas tá sé? Cad dúirt sé?

NUALA. Tá sé sg brionglóideach.

(*Suíonn an bheirt, leanann siad de bheith ag priocadh as a gcuid cniotála le linn an chomhrá.*)

MAEISÍ. Pacaí bocht! Is mór an t-athrú atá air, é salach, giobalach, a chuid gruaige in aimhréidhe—

NUALA. Bhíodh a chuid gruaige in aimhréidhe i gcónaí air—glibín beag ag titim sna súile aige.

MAEISÍ. Bhí mé lá agus cheap mé nach raibh laoch in Éirinn inchurtha leis. Níor smaoinigh mé riamh go dtiocfadh an lá a mbeadh sé ina dhíol trua ag an mbeirt againn.

NUALA. Ná bíodh dul amú ort, a Mhaeisí: ní haon díol trua an Armstrong sin agat.

MAEISÍ. (*le splaincín beagmheasa*) Cad eile atá ann ach díol trua? É ag sleamhnú isteach anseo mar a bheadh ainmhí bocht ar an dé deiridh agus an chonairt ina dhiaidh. A chumhacht agus a cheannas go léir caillte aige—

NUALA. Níl an sprid caillte aige!

MAEISÍ. Cén mhaitheas dó an sprid? Duine aonarach, gealtán gunnadóra ag leanúint as a stuaim féin den troid atá thart.

NUALA. (*le seirfean*) Cheap mé go raibh tusa i do Phoblachach.

MAEISÍ. Bhí, i bprionsabal. I mo shamhlaíocht. Ach ar maidin, a Nuala, nuair a dhearc mé an fhírinne lom—Pacaí Armstrong ina ruagaire giobalach reatha, agus Emmet is agaibhse go sciomartha néata ina éide ghlas . . . níl fhios agam, a chroí, ach samhlaítear dom go bhfuil seans gur ag Emmet atá an ceart.

NUALA. (*go tur*) Taitníonn an ghlaséide leat.

MAEISÍ. Cén fáth nach dtaitneodh? Chorródh sé an croí i gcailín ar bith. Is deacair gan a bheith bródúil as éide Arm

Náisiúnta na hÉireann nuair a fheiceann tú den chéad uair í.

NUALA. Giota d'olann ghlasuaine agus cnaipí práis!

MAEISÍ. Dhera, cén múisiam seo ort? Cheap mé go raibh tusa i do Shaorstátaire?

NUALA. Tá. Ach ní ar son culaithe éadaigh é!

MAEISÍ. Cé tá ag caint faoi chulaith éadaigh? Ní culaith éadaigh atá i gceist agam, ach prionsabal!

NUALA. Tuigim do phrionsabal. Poblachtach ar phrionsabal go dtí do dtagann an chéad Státaire glasuaine faoi amharc do shúl!

MAEISÍ. (*go milis réasúnta*) Cogar i leith, a thaisce, ní dúirt mise ach go raibh mé bródúil as Emmet, do dhearthháir, ina éide Náisiúnta.

NUALA. Tá mé féin bródúil as, ach ní thig liom ligean i ndearmad go bhfuil fear ina chodladh istigh ansin,—*fear* a deirim.

MAEISÍ: (*go mailíseach*) Tá's agam gur fear é. Tá's agam, níos fearr b'fhéidir ná mar atá fhios agatsa, gur **fear** atá ann.

NUALA. (*briseann an domblas uirthí*) Sea,—níl taithí agamsa ar choill Chreagán na hAirne sa chlapsholas!

MAEISÍ. (*ag éirí*) A Nuala de Búrca!

NUALA. Gabhaim pardún agat, a Mhaeisí a leanbh. Sciorr an focal orm. Maith dom é.

MAEISÍ. (*go páistiúil, tintrí*) Ní mhaithfidh mé! Is fuath liom thú agus an aigne ghránna sin agat—

NUALA. Is náire liom an rud a dúirt mé—

MAEISÍ. Ní raibh rud ar bith idir mise agus Pacaí Armstrong riamh. Is cuma cad deir sé, níor ghéill mise mo bhéal riamh dó—

NUALA. Scoirimis de, a chailín. Ní haon dea-chomhrá ag ábhair bhan rialta é.

MAEISÍ. (*ag teacht chuici, athrú tiúin ina glór*) Ó, a Nuala, tá an croí cráite ionam. Cad a dhéanfaidh mé ar chor ar bith? Tá sé i ngrá liom.

NUALA. Tá's agam.

MAEISÍ. Thug mé mo chúl don rómánsaíocht sin go léir nuair a léiríodh dom an sórt duine a bhí ann. Ach ar ball beag, nuair a tháinig mé air i bhfolach anseo, mhúscail sé mothú nua i mo chroí—an trua, b'fhéidir, an trua agus an déistean measctha le chéile. An gcreidfeá é, amuigh ar an sliabh i bhfliuchras oíche feiceann sé m'aghaidh—

NUALA. (*go grod*) Tá's agam.

MAEISÍ. Ceapann sé gur tháinig mé chuige le póg an mhaidin tar éis chath Bhearna na Long. Ach níor tháinig mé, níor tháinig, a Nuala. Ag brionglóideach a bhí sé!

(*Tá an Captaen tar éis teacht isteach ar chúl gan fhios dóibh.*)

CAPTAEN. Cé tá ag brionglóideach?

MAEISÍ. 'Mhuiricín!

NUALA. Táimid go léir ag brionglóideach na laethanta seo.

CAPTAEN. Fíor duit, a dheirfiúr. Ní feasach dom an i mo chodladh nó i mo dhúiseacht atá mé.

NUALA. Cheap mé gur thuas ag an teach a bhí tú?

CAPTAEN. D'fhág mé an Sagart Mór ag an teileafón,—ní bheidh deireadh leis an gcaibidil sin go meán oíche.

MAEISÍ. (*go mealltach*) Suigh síos, a Emmet, agus lig do scíth; tá cuma na tuirse ort.

CAPTAEN. Ní haon tráth suí agam é, a Mhaeisí.

MAEISÍ. Dhera, suigh síos agus déan do chomhrá linn. Nach lá dár saol é thú a fheiceáil.

CAPTAEN (*ag suí, ag bagadh a chaipín*) Déanann sé maitheas dom breathnú oraibh beirt, chomh suaimhneach sásta is tá sibh istigh anseo.

MAEISÍ. Nach gcuirfeadh sé an seansaol breá i gcuimhne duit, sinn go léir le chéile, tráth chogadh na saoirse, nuair a bhíodh an colún ar lóistín i scioból mo mháthar? Nach cuimhin leat é, a Emmet?

CAPTAEN. Is maith is cuimhin. An tae agus an gáire—na pancóga—na putóga dubha . . .

MAEISÍ. Bhí meas mór ag Maimí ort, bhí tú i do Pháistín Fionn aici.

CAPTAEN. Ach ní bhreathnófá féin ar thaobh na sráide ina mbeinn an tráth sin, a Mhaeisí—bhí scafaire eile ar fad faoi do shúil agat.

MAEISÍ. Ha-ha! Cúrsaí spóirt, ní raibh ann ach sin.

NUALA. An cuimhin leat an luascán a d'fheistigh Pacaí do na cailíní i ndoras an sciobóil?

CAPTAEN. Agus an bhéicíl agus an screadach a dhéanadh sibh nuair a chuirimis ag luascadh go hard sibh agus na sciortaí agaibh ag foluain le gaoth.

(*Briseann sciota beag gáire ar Mhaeisí*).

NUALA. Bhíomar óg an t-am sin.

CAPTAEN. Bhí. Ba thráth dár saol é. Gan de chúram orainn ach na Tans a bhascadh pé áit a gcasfaí orainn iad. Sinne go léir óg le chéile. Cé cheapfadh ort an t-am sin, a Mhaeisí, gur isteach sna mná rialta a rachfá?

MAEISÍ. Nuala a thug an dea-shampla dom.

CAPTAEN. Ach féadaim a rá go bhfeileann an saol seo duit. Tá tú ag breathnú níos dathúla ná mar bhí tú riamh. (*Go cluanach*) An luisne i do ghrua is an loinnir i do shúile—cuireann sé i gcuimhne dom oíche an rince ag an gCrosaire, an oíche tar éis luíochán Bhearna na Long. Bhí an Cor Ceathrair á dhéanamh againn—

MAEISÍ. (*go smaointeach*) Is cuimhin liom é. An oíche dheiridh a bhí againn le chéile. Gealach na gcoinleach ag lonrú ar na stucaí coirce. Ceol meidhréiseach an mheil-eoidin. An Cor Ceathrair—mise agus tusa, Nuala agus Pacaí . . . nach ait go deo mar a chastar ar a chéile anseo arís sinn, an ceathrar céanna—(*Nuair a chuirtear i dtuiscint di an focal atá sleamhnaithe uaithi, folaíonn sí a béal go páistiúil.*) Ó!

(*Éiríonn an Captaen, siúlann tamall uathu, labhraíonn go ciúin.*)

CAPTAEN. An ceathrar céanna. Tá sé féin anseo mar sin?

MAEISÍ. (*faoi chotadh*) A Emmet, a chroí, ní raibh smaoin-eamh agam—níor mhian liom a rá ach gur ait mar a tharla sinne anseo agus tú féin agus—agus—

CAPTAEN. Tuigim.

MAEISÍ. Ó cad is féidir liom a rá—

NUALA. Tada. Tá an iomarca ráite agat.

MAEISÍ. (*go paiseanta*) A chladhaire! a shlíomadóir! Is d'aon ghnó a mheall tú an focal sin asam.

CAPTAEN. Ní dhearna. Ní spiaire den saghas sin mé.

(*Cloistear clog an Chlochair á bhualadh.*)

CAPTAEN. Cad sin?

NUALA. (*ag éirí, ag bailiú a cuid cniotála*) Clog an lóin. Táthar ag glaoch orainn.

MAEISÍ. (*go mealltach, impíoch*) A Emmet a chroí, i gcuimhne ar an tseanaimsir, i gcuimhne ar an gcairdeas a bhí eadrainn—a bhí eadraibh—impím ort—

CAPTAEN. Tá dualgas le comhlíonadh agam, a Mhaeisí.

MAEISÍ. Ach ní féidir leat—

NUALA. (*go fuarchúiseach*) A Mhaeisí, a leanbh, ar mhiste leat dul romham isteach, agus ligean dom cúpla focal a rá le mo dheartháir?

MAEISÍ. Tá go maith. Agus go dtuga Dia duit é a bhogadh ón bhfuadar atá faoi!

(*Téann Maeisí amach. Tugann Nuala agus an Captaen aghaidh ar a chéile. Daingníonn sé é féin don choimhlint.*)

CAPTAEN. Is trua liom go dtagann sé seo eadrainn, a Nualaitín.

NUALA. An bhfuair tú cead an Clochar a chuardach?

CAPTAEN. Níl mé chun fanacht ar chead.

NUALA. Inis dom: bhfuil an bás i ndán do Phacaí Armstrong?

CAPTAEN. Má leagaim mo lámh air, déanfaidh mé mo dhícheall, go hoifigiúil agus go pearsanta, chun cóir príosúnaigh chogaidh a chur air. Ach . . . (*croitheadh guaillí*).

NUALA. Tá an bás ag feitheamh leis ansin amuigh?

CAPTAEN. Tá.

NUALA. An ndéanfaidh tú rud orm?

CAPTAEN. Tá's agat nach bhfuil rud ar domhan nach ndéanfainn ar do shon, a dheirfiúirín, rud ar bith a bheadh ar mo chumas.

NUALA. Tá sé seo ar do chumas.

CAPTAEN. Cad é?

NUALA. Siúil leat glan díreach amach an doras sin agus abair le do chuid fear nach bhfuil Armstrong anseo.

CAPTAEN. Ní dhéanfad.

NUALA. (*go bog*) Cuimhnigh, a Emmet,—ba é do Cheannfort é.

CAPTAEN. D'imigh sin.

NUALA. Ba é do chomrádaí é—ag bord—i gcroílár troda—ar leaba na hoíche—

CAPTAEN. (*faoi bhuairt*) D'imigh sin, d'imigh sin.

NUALA. Nach ndéanfaidh tú rud orm, a dhearthair?

CAPTAEN. (*á theannadh féin*) Ní mé do dhearthair sna cúrsaí seo.

NUALA. An treise leat do ghlaséide ná gaol na broinne eadrainn?

CAPTAEN. Is treise. Níl sa ghlaséide seo ach comhartha go bhfuilim faoi smacht ag údarás is mó ná sinn beirt.

NUALA. Shábháil an fear seo do bheo, a dhearthair.

CAPTAEN. (*go fíochmhar*) Tá's agat go bhfuil mo chroí á chéasadh agat. Ach ní ar an gcroí a mhairimid, sinne atá faoi smacht ag an údarás os ar gcionn. Agus mionnaím duit, a ghirseach—dá mba dhearthair dom féin é an Armstrong seo—mionnaím duit nach rachadh ceangal na broinne idir mé agus mo dhualgas!

NUALA. (*i ngreim ag racht imfheasa*) Imigh, a dhearthairín, imigh! Tá eagla orm, tá dath na fola ar na bláthanna—ní hí an dea-chinniúint atá á tuar don ghairdín seo.

CAPTAEN. Beir greim ar do chiall, a chailín.

NUALA. Tá eagla orm—nach dtuigeann tú, a Emmet?—eagla! Uair amháin cheana ghlac an eagla chéanna mé. Ach tháinig tú slán. Tháinig tú slán. Eisean a shlánaigh thú. *Eisean*!

CAPTAEN. (*á cur uaidh*) Lig dom, lig dom, a chailín, ar son Dé.

NUALA. Tá an eagla mar a bheadh clapsholas dearg i mo thimpeall. Caillte atáimid. A dhearthairín mo chléibh, cad a thug dúinn beirt bheith ar strae sa seanghairdín seo a bhfuil dath na fola ar an solas ann? Samhlaítear a glór dom, glór mo mháthar ag glaoch orainn. Is míofar an rud é, a dhearthair, is míofar an rud ceangal na broinne a scaoileadh idir beirt ar an saol seo.

CAPTAEN. Is míofar.

NUALA. Impím ort den uair dheiridh—ar son na máthar a rug sinn—imigh leat an doras amach.

CAPTAEN. Tá dualgas orm.

NUALA. (*ag breith bua ar a paisean faitís*) Tá go maith. Mise freisin, tá mé faoi smacht ag an gcinniúint. Ní mór dom freagairt don chlog. Fágfaidh mé ag machnamh ar do dhualgas thú . . . a Chaptaein.

(*Dearcann sí go dúshlánach idir na súile air, an paisean faoi smacht inti ach séideadh faoina hucht, glacann a bascaed, agus imíonn amach.*

Fanann an Captaen faoi bhuairt aigne ag déanamh a mhachnaimh. Dearcann sé go hamhrasach ina thimpeall, scrúdaíonn an scáthlán, bogann a ghunnán óna chumhdach. Téann sé chuig an scáthlán, ardaíonn an laiste, féachann an doras—tá sé faoi ghlas. Moillíonn sé, idir dhá chomhairle. Cloistear macalla de ghlór Nuala ina chluasa: "Shábháil an fear seo do bheo, a dhearthháir!" Cinneann sé go pras ar chomhairle Nuala a ghlacadh, sánn an gunnán sa chumhdach ar ais, siúlann caol díreach chuig an doras sa bhalla, leagann lámh ar an mbolta.

Is ag an nóiméad sin a osclaítear doras an scáthláin, nochtann Armstrong agus a phiostal dírithe aige ar dhroim an Chaptaein.)

ARMSTRONG. Dia duit, a Chaptaein.

(*Baintear feanc as guaillí an Chaptaein, preabann a lámh chuig bota a* ghunnáin, *ach staonann, tiontaíonn thart agus a lámha á n-ardú aige.*)

CAPTAEIN. Dia is Muire duit . . . a Cheannfoirt.

ARMSTRONG. Is maith liom go n-aithníonn tú mé.

CAPTAEN. Ní aithním rud ar bith, ach amháin go bhfuil tú ag deireadh do phreibe. Is cuma an scaoileann tú mé nó nach scaoileann, tá do phort seinnte,—níl seans luchóige i staicín eorna agat agus na madraí ina thimpeall.

ARMSTRONG. (*le gearrgháire searbh*) Bhí na Búrcaigh riamh gan pioc samhlaíochta.

CAPTAEN. Cen mhaitheas duit an tsamhlaíocht agus an cluiche caillte?

ARMSTRONG. Inis, a mhic, dá mbeifeá féin sa chás ina bhfuilim cad a dhéanfá?

CAPTAEN. An mó piléar atá fágtha agat sa phiostal sin?

ARMSTRONG. Ceann amháin.

CAPTAEN. Dá mbeinnse i do chás, a Phacaí, chuirfinn an piléar sin trí mo chloigeann féin.

ARMSTRONG. Éist liom go cúramach. Tá mé chun siúl caol díreach an doras sin amach. Ach beidh tusa ag teacht liom. Rachaidh tusa romham agus do lámha san aer. Ní bheidh sé de dhánacht i do chuid leiciméirí amuigh scaoileadh fúinn, ach má fhéachann siad leis, nó má dhéanann siad iarracht dá laghad cur isteach orainn, pléascfaidh mé an cumhdach cnámhach colgach cúng de do chloigeann!

CAPTAEN. Pacaí bocht! Ag rómánsaíocht an t-am go léir. Nach bhfuil fhios agat go fóill go bhfuil deireadh na bhfinscéalta sin caite agat?

ARMSTRONG. Feicfimid. Bog leat, a shaighdiúir—

(*Tá an Mháthair Oirmhinneach tar éis siúl isteach ar an láthair. Leathnaíonn na súile ar an gCaptaen, rud a thugann do Armstrong stracfhéachaint a thabhairt i leataobh nó go bhfeiceann sé í.*)

MÁTHAIR. (*de ghlór geal*) *Ah! le Républicain!*

(*Déanann sí air go soineanta, gach cosúlacht uirthi go dtiocfaidh sí idir an piostal is an Captaen.*)

ARMSTRONG. Seachain, a bhean—

(*Ní thugann sí aird ar a fholáireamh, ach tagann anuas chuige go fáilteach, ag clúdach an Chaptaein.*)

MÁTHAIR. Céad fáilte romhat chuig an teach seo againn. Is breá liom na réabhlóidithe. *Vive la République!* nach ea?

ARMSTRONG. (*i bponc*) S sea . . .

(*Íslíonn an Captaen a lámha agus seasann go hamhrasach. Stánann Armstrong uirthi go faiteach, cuma air nach bhfuil taithí aige ar a leithéid de dhuine a láimhseáil.*)

MÁTHAIR. Taispeáin dom do ghunna beag. (*Tógann sí uaidh é, scaoileann seisean léi é mar e bheadh duine faoi gheasa.*) *Ah! l'automatique.* Nach áisiúil atá sé. (*Láimhseáileann sí an piostal go haclaí*) An sórt, silim, a dtugtar "Peadar an Péintéir" air?

ARMSTRONG. 'S é.

(*Osclaíonn sí é go scrúdaíonn an philéarlann*).

MÁTHAIR. Piléar amháin sa mheagaisín. (*Féachann sí go saineolach de leathshúil tríd an mbairille.*) Ba chóir duit an bairille sin a ghlanadh. (*Dúnann sí arís é, triaileann méar ar an truicear go néata.*) A Thiarna! Is fada an lá ó bhí piostal *automatique* i mo láimh agam!

ARMSTRONG. (*ag cúlú go faiteach ó líne an urchair*). Bí cúramach, a bhean uasal. Tá an rud sin sórt—a—contúirteach.

MÁTHAIR. Tá. Níor chruthaigh an gléas beag marfach seo teoragán ar bith riamh; níor réitigh sé argóint ar bith. Is bás é don té a scaoiltear agus don té a scaoileann: is é traigéide na beatha sa ghairdín deorach seo againn go gcaithfimid feidhm a bhaint as ó am go ham.

ARMSTRONG. Tá an t-am sin ann anois. Ar mhiste leat—(*ag síneadh a láimhe chuici.*)

MÁTHAIR. (*le húdarás*) D'fhág tú an cogadh ansin amuigh, a mhic. Ní bheidh feidhm agat den ghléas marfach seo an fhad a bheidh tú faoi choimhdeacht an tí againn. Fágfaidh mé faoi chúram Naomh Mícheál é, go gcuirfidh sé a bheannacht air.

(*Iompaíonn sí a droim leo, tosaíonn ag siúl i dtreo na deilbhe. Faireann an bheirt fhear í faoi mar a bheidís faoi dhraíocht. Go tobann, cromann an Captaen chun gnímh, faigheann greim ar bhota a ghunnáin. Tiontaíonn sí air go pras, an piostal dírithe go saineolach óna cromán, a guth ina laisc fuipe.*)

MÁTHAIR. Ná déan, *Capitain*!

(*Staonann sé, an Webley leath-tharraingthe ón gcumhdach, aithníonn sé an dáiríreacht ina dreach is ina glór, scaoileann sé a lámh go mall de bhota an Webley, an anáil ag teacht rite leis. Draothadh gáire domblasta ar Armstrong*).

MÁTHAIR. (*An piostal dírithe air go héadrom is go cruinn*) Téigh agus fág do ghunnán ar chlár an Ardaingil, le do thoil.

(*Téann, in aghaidh a thola, tógann an Webley go mall as an gcumhdach agus fágann dá ainneoin, faoi bhagairt phiostal na Máthar, ar chlár na deilbhe é.*)

MÁTHAIR. Go raibh maith agat. (*Sméideann sí i leataobh é. Téann sí féin agus fágann piostal Armstrong taobh leis an Webley ar chlár na deilbhe.*) Ní cheadaím cath ná cogadh sna clabhstair seo. Bronnaim tearmann an Chlochair ar an bPoblachtach, ar choinníoll nach mbriseann sé an tsíocháin taobh istigh de na ballaí seo againn.

CAPTAEN. Tearmann? Cad is ciall leis sin?

MATHAIR. Más Críostaí thú, tuigeann tú an téarma. (*le hArmstrong*) An nglacann tú leis an gcoinníoll, a bhuachaill?

CAPTAEN. Ach an bhfuil an tearmann seo agat de réir bail dlí?

MÁTHAIR. (*níos déine*) An nglacann tú le mo thairiscint, a bhuachaill?

ARMSTRONG. (*moillíonn nóiméad, sméideann a cheann*) Glacaim.

MÁTHAIR. Go maith. Maidir leatsa, a Chaptaein, déanfaimid an cheist seo agat a phlé go sibhialta. Tiocfaidh sibh liom anois chun béile beag a chaitheamh sa teach aíochta—an bheirt agaibh: an réalaí, agus fear na haislinge. *Enfants de la patrie.*

(*Téann sí ar a glúine os comhair na deilbhe. Seasann an bheirt fhear idir dhá chomhairle. Sa deireadh, téann Armstrong síos go ciotrúnta ar leathghlúin, déanann an Captaen aithris air go maolchluasach ar an taobh eile.*)

BRAT

GNÍOMH A TRÍ

(*Uair a chloig ina dhiaidh sin. Tá Murtach ina sheasamh go righin in aice an dorais, a dhroim le balla an lána, an ráca ina ghlaic, na fiacla in airde. Tagann an Sagart Óg isteach. Beannaíonn Murtach dó go patmhíleata*).

SAGART ÓG. Cad tá á dhéanamh agat ansin?

MURTACH. Tá mé san Arm, a Athair, grást' ó Dhia orm! In Arm Phoblacht na mBan Rialta. I gcead duit, a Athair, tá mé ar garda. Tá mé faoi gheasa gan duine, dia, ná diabhal a ligean isteach tríd an doras sin.

SAGART ÓG. Ordú ón Máthair Oirmhinneach, an ea?

MURTACH. Sea mhaise, an cailín céanna. Níl bean rialta in Éirinn chomh mírialta léi. Táimid anseo, a Athair, faoin rialtas is tíoránta ar domhan—Rialtas na Sciortaí Dubha. Tá saighdiúir eile aici—Jimín beag crúite na mbó—ar garda ag an bpríomhgheata. Cogar, a Athair, an dóigh leat go bhfaighimid pinsean beag ar bith as an obair chontúirteach seo, má mhairimid?

SAGART ÓG. Ní fheicim contúirt ar bith duit ann.

MURTACH. Cad sin a deir tú? Níl contúirt ann, an ea?—Meaisínghunnaí inár dtimpeall amuigh, an bheirt bhligeard náisiúnta is teasaí in Éirinn faoi na frathacha istigh, na Nuasacháin naofa imithe chun an diabhail ar fad, agus an Mháthair Bheannaithe ag bogadach thart ag déanamh cleasa le gunnaí mar a bheadh Alaska Neilí ann nó Joan of Arc?

SAGART ÓG. (*ag an dealbh, go smaointeach*) Ní maith liom na gunnáin a bheith ina luí ansin.

MURTACH. Ná bí ag trácht orthu, a Athair, a mhic. Cuireann na diabhail dubha sin an croí ag sclimpirneach i mo chliabh istigh. Agus an bhfaca tú an rud scannalach sin faoi chosa an Ardaingil?

SAGART ÓG. Na bláthanna, an ea?

MURTACH. Aidh. Union Jack na Fraince!

SAGART ÓG. Is léir go bhfuil sí ag gléasadh chun troda.

MURTACH. Tá mé ag ceapadh go mbeidh deireadh dearg ar an lá seo.

SAGART ÓG. Ní fheadar. Ní dóigh liom go mbrisfidh Arm an tSaorstáit tearmann an Chlochair,—go mórmhór má bhíonn tacaíocht agus údarás an Easpaig taobh thiar den Mháthair Oirmhinneach.

(An Sagart Mór isteach agus fuadar faoi. Tá athrú mór air, é an-sásta, an-mhórálach as féin; tuigtear anois dó go bhfuil sé ina cheannaire ar an Eaglais Mhíleatach, labhraíonn sé go briosc agus é ag cuimilt a dhá bhois le chéile).

SAGART MÓR. Bhí mé ag iarraidh teacht ort, a Athair Mhic Ghearailt. Tá obair le déanamh againn, sea mhaise, obair!

SAGART ÓG. Cén scéala agat ón Lead Mór?

SAGART MÓR. (*á cheartú*) An tEaspag, a Athair, an Tiarna Easpaig. Bhí mé i ndáil chomhairle leis an Tiarna Easpaig ar an teileafón. Chuir mé an scéal go léir faoina bhráid... Go raibh an tArm Náisiúnta ag iarraidh an Clochar a chuardach, ach gur chuir mise mó chos síos, sea, síos! "Go maith, a Athair," ar seisean, "rinne tú an rud ceart!" Lá Fhéile Míchíl . . . ní dhéanfaidh mé dearmad ar an lá seo go deo. "Go maith, a Athair," ar seisean, "rinne tú an rud ceart!"

SAGART ÓG. Ach tá níos mó ná cuardach i gceist anois—

SAGART MÓR. Tá! Ceist idirnáisiúnta. Ceist pholasaí na hEaglaise i leith an Stáit. Thug a Thiarnas léargas dom air. Is sagart óg thú, a Athair Mhic Ghearailt, agus seans nach dtuigeann tú na tromchúrsaí seo, ach sinne, aos cheannaisna hEaglaise, ní mór dúinn ár gcosa a chur síos sea, síos, i gcoinne chur isteach dá laghad ón Stát nua seo ar chearta na hEaglaise.

SAGART ÓG. Ach, a Athair—

SAGART MÓR. Ní éistfidh mé le ach ar bith uait. Tá fonn ar an Tiarna Easpaig ceist shamplach a dhéanamh de seo. Rud beag, cheapfá, an iarracht seo acu, ach tá's agat an an seanfhocal—

MURTACH. Nuair a théann an gabhar go séipéal ní stadann go haltóir.

SAGART MÓR. Ceart. Tá an Tiarna Easpaig ag déileáil go pearsanta ar an teileafón le Ceann Ceathrún Ginearálta an Airm, agus mise i mbannaí duit go gcuirfidh seisean bealadh faoina n-ioscaidí! Tá prionsabal i gceist anseo, mórphrionsabal, an prionsabal ar a dtugtar . . . Ultra-montánachas.

MURTACH. Dia ár sábháil!

SAGART MÓR. A Mhurtaigh, fan tusa ansin! Ordaím duit gan ligean do ghlincín glasuaine dá airde céim a chosa buí a chur thar tairseach an dorais sin isteach.

MURTACH. (*ag beannú go patmhíleata*) Aidh, aidh, a Athair!

SAGART MÓR. "Go maith ,a Athair," arsa a Thiarnas liom, "rinne tú an rud ceart!" Mh'anam, ach beidh an scéal seo le léamh ar gach páipéar sna hoileáin seo maidin amárach!

SAGART ÓG. Gabh mo leithscéal, a Athair Uí Chonchúir, ach ar mhiste leat breathnú orthu seo? (*ag síneadh a láimhe i dtreo na ngunnán atá ina luí ar chlár na deilbhe.*)

SAGART MÓR. Go gcumhdaí Dia sinn! Cad seo, cad seo?

SAGART ÓG. Tháinig an Captaen ar Armstrong anseo, rinne an Mháthair Oirmhinneach an bheirt acu a dhí-armú, agus d'fhógair sí sos cogaidh.

SAGART MÓR. 'Geall ar Dia! Agus cá bhfuil siad? Cad a tharla?

SAGART ÓG. Tá an bheirt acu sa teach aíochta thuas ag caitheamh béile le chéile.

SAGART MÓR. Focal dá laghad níor chuala mé faoi—d'fhág sí ceangailte leis an teileafón mé—mh'anam, nach í an bligeard baininscneach í!

SAGART ÓG. Agus bhronn sí tearmann an Chlochair ar Armstrong.

SAGART MÓR. Ó, Jeaic, Jeaic, cogar a mhic, cad is fearr dúinn a dhéanamh? Cad é an tearmann seo aici?—níor fhan sí le focal ón Lead Mór—bhfuil ciall canónta leis, é? Jeaic? Ó, a leithéid de chiseach! Cathain ar tharla sé?

SAGART ÓG. Uair a chloig ó shin nach mór.

SAGART MÓR. Nach í an bithiúnach de bhean rialta í nár thug sí le fios dom é! 'Sé an tubaiste é, 'sé an tubaiste ar fad é nach raibh an t-eolas seo ag an Lead Mór agus é ag déileáil leis an gCeann Ceathrún—is scéal nua ar fad é an tearmann seo agat. Beidh sé sa mhullach orm.

SAGART ÓG. B'fhearr duit an tarlú nua seo a chur in iúl dó láithreach.

SAGART MÓR. Déanfaidh mé, déanfaidh mé. Tearmann, a deir tú?—ní eol dom go bhfuil ciall chanónta leis. Tar tusa in éineacht liom. Ó, 'mhuiricín, nach bhfuil an diabhal dearg i gcroí istigh ag na Sciortaí Dubha!

MURTACH. (*i leataobh*) Áiméan, a Thiarna!

(*Téann an bheirt Shagart amach. Cloistear tormán gluaisteáin tamall uainn ag teacht ar an mbóthar mór agus ag stad ag bun an lána amuigh. Éiríonn Murtach ina sheasamh, cluas na héisteachta air agus gothaí imní, téann sé in airde ar chéimeanna an túir agus cromann ag gliúchadh thar an mballa amach. Tagann an Mháthair Oirmhinneach isteach agus an Mháistreás in éineacht léi.*)

MÁISTREÁS. (*ag leanúint den chomhrá*) Ní maith liom an cluiche atá ar siúl agat, *ma Mère*. Tá cuma na caimiléireachta air. Tá tú ag iarraidh an dá thaobh a bhreith leat—an chreach a sheilg agus an tóir a chosc. Cén fáth nár nocht tú do mheon don Chaptaen ó thosach, agus é a ordú béal a chinn amach?

MÁTHAIR. Polasaí, Jeanne Marie. Is oifigeach é den Rialtas *de facto*.

MURTACH. (*ón mballa*) Gabh mo leithscéal, a Mháthair.

MÁTHAIR. Sea, a Mhurtaigh?

MURTACH. Tá fuadar éigin faoin dream sin amuigh. Tá mótar tagtha—ó threo na cathrach. Chuala mé é ag stopadh ar an mbóthar mór, ag bun an lána amuigh.

MÁTHAIR. Ón gcathair, a deir tú?

MURTACH. Aidh. Fuadar faoi mar a bheadh Dia á rá leis.

MÁTHAIR. Go raibh maith agat. Tig leat imeacht chun do dhinnéar a chaitheamh, coimeádfaimidne súil ar an doras.

MURTACH. Aidh, aidh, a Mháthair! (*Beannaíonn sé agus imíonn agus an ráca á iompar go patmhíleata aige*).

MÁISTREÁS. B'fhéidir go bhfuil mé féin simplí, nó Éireannach, ach ní thaitníonn an dá-thaobhachas liom.

MÁTHAIR. Níl ach taobh amháin ann, agus an t-aon chúis amháin. Poblacht nó Saorstát, is cuma fúthu i ndeireadh na dála, níl iontu ach foirmeacha sealadacha dúinne atá in arm agus in éide ar son chúis na Croise.

MÁISTREÁS. Ina dhiaidh sin is uile, ní maith liom an cluiche seo agat. Ní mé cén deireadh bheas leis.

MÁTHAIR. (*go tobann, ar nós cuma léi*) Inis dom, Jeanne Marie an raibh tú riamh i ngrá?

MÁISTREÁS. (*i bponc*) Cad é sin á rá agat?

MÁTHAIR. Nach dtuigeann tú an focal?

MÁISTREÁS: Tuigim, ar ndóigh. Thug mé grá do m'athair, agus do mo mháthair—agus tugaim grá do mo thír dhúchais.

MÁTHAIR. Sin agat an grá nádúrtha, grá do na daoine agus do na rudaí a bhaineann leat féin. Ach tá grá níos mó ná sin ann, an grá don rud coimhthíoch, don rud taobh amuigh díot féin. Jeanne Marie, a Shiúr, ar thug tú grá riamh d'fhear?

MÁISTREÁS. (*faoi scannal*) Ó, *ma Mère*!

MÁTHAIR. Ní gá duit scannal a ghlacadh, táimid beirt róchríonna, ró-sheargtha don rómánsaíocht, buíochas le Dia! Ach deirimse leat, an bhean a thugann grá d'fhear—ní hé an gnáthphaisean collaí, an scigireacht bheag chois claí, atá i gceist agam—ach an bhean a thugann searc iomlán croí agus anama d'fhear, tuigeann an bhean sin tús na carthanachta.

MÁISTREÁS. Cad faoi ndear duit an t-ábhar cainte seo?

MÁTHAIR. Tá an cailín beag sin i ngrá!

MÁISTREÁS. Maeisí Ní Mhuireagáin, an ea? Chuile sheans go raibh smaoineamh mar sin ina ceann tamall. Chuala mé go raibh sí cairdiúil leis an Armstrong seo sa bhaile.

MÁTHAIR. *Ó la la*! Níl mé ag tagairt do Mhaeisí Ní Mhuireagáin. Priompallán beag gleoite, páiste nár fhás suas go fóill! Ní le fear a bheadh sise ag súil, ach le prionsa, agus dá gcuirfeadh sé a lámh thar a coim sa chlapsholas ligfeadh sí scread aisti. Má fhanann sí againn, déanfaidh sí bean rialta dheas dhícheallach amach anseo agus beidh na bochtáin bhréige go léir ag bualadh bob uirthi.—Ach an Nuasachán eile atá mé á rá. An Normannach.

MÁISTREÁS. Ní féidir gur Nuala de Búrca atá i gceist agat—

MÁTHAIR. Cé eile? An Búrcach, an Normannach fuarchúiseach, an cailín a bhronn na bláthanna bána ar an Ardaingeal.

MÁISTREÁS. Ach—cen grá a bheadh i gceist?—ní féidir go mbeadh bá aicise leis an bPoblachtach.

MÁTHAIR. An dall atá tú? Cé chuir cóir ar an bPoblachtach sa scáthlán sin faoi rún? Cé thug bia faoi rún isteach chuige? Maeisí bheag mheidhreach an ea? *Pouf*! ní bheadh an sponc inti.

MÁISTREÁS. (*faoi bhuairt*) Más fíor a deir tú, tá an t-uafás ar fad orainn.

MÁTHAIR. Ná bíodh faitíos ort, Jeanne Marie. Mura bhfuil dul amú orm, tuigeann an ógbhean sin an grá iomlán anama ar thaobh amháin, agus an íobairt ar an taobh eile. Tá de bhua aici rún a croí a choimeád di féin agus é a uaisliú agus a ardú ina ghrá Dé.

MÁISTREÁS. Déanann an scéal seo imní dom. *Ma Mère*, bíodh tuiscint agat don chailín. Ní bean rialta í, ní Nóibhíseach féin í, níl inti ach cailín óg tuaithe, cailín nádúrtha Éireannach—

MÁTHAIR. Is de bhunadh Normannach í!

MÁISTREÁS. An mhuintir is ceanndána paiseanta sa tír ar fad. Más amhlaidh atá an scéal aici, is míofar mí-thrócaireach an mhaise duit í a choimeád in aonteach leis an mbeirt fhear seo.

MÁTHAIR. Tá seomra feistithe agam don Phoblachtach sa teach aíochta, an fhad a fhanann sé faoi thearmann an Chlochair seo. Tá mé chun na Nuasacháin, an bheirt acu, a chur chuig an gClochar is againne i mBaile Átha Cliath isteach. Rachaidh tusa in éineacht leo.

MÁISTREÁS. Inniu? Láithreach?

MÁTHAIR. M'm . . . ní hea. Tá mé ag ceapadh go mbeidh ar chumas an Nuala sin agat cabhrú linn ag déileáil lena deartháir, an Captaen.

MÁISTREÁS. *Ma Mère*! Ní cheadóidh mé duit é a dhéanamh!

MÁTHAIR. Ó! ní cheadóidh tú?

MÁISTREÁS. Bíodh trua agat don chailín bocht! Cuimhnigh nach ag plé le hEaglais ná le Stát ná le hArm atá tú, ach le daoine simplí daonna, Éireannaigh, muintir aislingeach, cheanndána, phaiseanta.

MÁTHAIR. Jeanne Marie, Jeanne Marie, is mór agat an cailín sin?

MÁISTREÁS. Go bhfóire Dia orm, tá siad mar a bheadh mo

pháistí féin agam ann, an bheirt acu. Impím ort, *ma Mère . . .*

(*Tá an Mháthair tar éis siúl tamall uaithi, seasann sí agus a droim léi ag teannadh a tola i gcoinne na himpí, labhraíonn sí go fuarbhlasta*).

MÁTHAIR. Jeanne Marie, tá tú faoi údarás sa teach seo. Téigh agus seol isteach chugam an Nuasachán de Búrca. (*Moillíonn an Mháistreás, a béal druite go teann, tosaíonn ag imeacht. Casann sí go tobann arís ar an Máthair.*)

MÁISTREÁS. *Mère Michele*!

MÁTHAIR. Sea?

MÁISTREÁS. Lig dom imeacht láithreach leis na Nuasacháin go Baile Átha Cliath.

MÁTHAIR. (*le meas uirthi*) Ha. Tá misneach agat. Ní bheidh mé gan trócaire. Cuir chugam an cailín.

MÁISTREÁS. Go maithe Dia dom mo pháirt in obair an lae seo!

(*Imíonn sí. Téann an Mháthair ar a glúine os comhair na deilbhe. Tagann an Sagart Óg isteach faoi dheifir.*)

SAGART ÓG. Gabh mo leithscéal, a Mháthair. (*Éiríonn sí.*) Ní chuirfinn isteach ar do phaidir ach go bhfuil tromscéal agam duit. Tá an teileafón balbh.

MÁTHAIR. An líne briste?

SAGART ÓG. Gearrtha.

MÁTHAIR. Ní bheadh sé de dhánacht iontu!

SAGART ÓG. Pé ar bith, tá an Sagart Mór agus mé féin tar éis bheith ag stracadh leis le tamall fada—níl gíog ná míog as.

MÁTHAIR. Cé dhéanfadh a leithéid?

SAGART ÓG. Duine éigin a bhfuil fuadar fuarchúiseach faoi. A Mháthair,—táimid faoi ionsaí.

MÁTHAIR. Tá gluaisteán agat, a Athair Jacques?

SAGART ÓG. Tá. Seanbhosca.

MÁTHAIR. An rachfá féin chuig an Easpag? Tá sé tábhachtach go mbeadh a thacaíocht agam i gceist seo an tearmainn.

SAGART ÓG. Tá's agam,—sin é an fáth ar ghearr siad an líne.

MÁTHAIR. Rachaidh tú? Láithreach?

SAGART ÓG. Féach, a Mháthair, ar chuma éigin, is leasc liom

an áit seo a fhágáil. (*Tógann sé suas an piostal ó chlár na deilbhe, agus cromann ar é a láimhseáil go dearmadach, smaointeach.*)

MÁTHAIR. Ní bheidh lá donais orainn.

SAGART ÓG. Ní thaitníonn sé liom . . . tá boladh éigin, boladh géar an Fhómhair san aer. Mothaím mar a bheadh droch-chinniúint á tuar don láthair seo.

MÁTHAIR. Aislingí Ceilteacha! Mar an gcéanna don Mháistreás. An maireann sibh go léir sa tír seo faoi scáth na haislinge?

SAGART ÓG. Ní aisling ar bith é an cathlán glasuaine atá faoi airm ansin amuigh!

MÁTHAIR. Ní dhéanfaidh siad an Clochar a éigniú. Agus ní ligfidh mé do shaighdiúir armtha teacht thar an tairseach isteach.

SAGART ÓG. Tá duine acu istigh cheana féin. De Búrca.

MÁTHAIR. Tá athrú meoin ar an ngasúr sin. Tá sé féin agus an Poblachtach ag comhrá le chéile, cuideoidh na cailíní leis an sprid chairdiúil a chothú, rachaidh an Captaen chun bealaigh go síochánta, agus dúnfaimid an doras air.

SAGART ÓG. (*ag ligean an phiostail uaidh*) Tá go maith. Rachaidh mé chuig an Easpag. Beidh tú . . . cúramach, a Mháthair?

MÁTHAIR. Cúramach!—níl focal ar bith eile i do bhéal inniu agat, a Athair. Cad tá ag cur as duit?

SAGART ÓG. Ní mé. An ciúnas seo. Meirbhe an Mheán Fómhair, an t-aer ina stad, mar a bheadh an lá ag feitheamh le duine éigin, le huafás éigin, a theacht isteach. (*Tagann Nuala isteach, go ciúin. Tá an taom eagla faoi smacht aici, ach tá glinniúint fhiabhrasach ina cuid súl. Fanann sí ar leataobh gan aird na beirte uirthi.*)

SAGART ÓG. Cad iad na bláthanna gorma sin a bhfuil an boladh géar uathu?

MÁTHAIR. Nóiníní na Féile Míchíl.

SAGART ÓG. (*nóiméad imfheasa*) Cuimhneoidh mé orthu.

MÁTHAIR. Brostaigh, a Athair.

(*Cromann sé ar dhul amach, baintear stad as nuair a leagann sé súil ar Nuala. Beannaíonn sise d'fheacadh beag glúine dó. Tá siad beirt faoi thocht imfheasa, ní thagann an comhrá go réidh leo.*)

SAGART ÓG. A Nuala!

NUALA. Tá tú ag imeacht uainn?

SAGART ÓG. Tá. Ach beidh mé ar ais.

NUALA. Trua nach raibh ár . . . gcoirm bheag cheoil againn.

SAGART ÓG. Is trua. Beidh lá eile againn. B'fhéidir.

NUALA. Beidh. (*Tost beag míshuaimhneach.*) Go n-éirí an bóthar leat, a Athair.

SAGART ÓG. Go maire tú, a Nuala.

(*Buaileann sé smitín ceanúil dá láimh ar a huillinn, agus brostaíonn leis amach. Tugann Nuala aghaidh ar an Máthair atá ag feitheamh léi, cuma dhian ar a dreach.*)

MÁTHAIR. Tá mé i bhfeirg leat, *petite*.

NUALA. Maith dom é, *ma Mère*. Ní raibh dul as agam.

MÁTHAIR. Rinne tú freastal ar an bhfear sin faoi rún, gan mo chomhairlese a ghlacadh.

NUALA. Bhí mé ar tí é a rá leat—ach, bhí faitíos orm.

MÁTHAIR. Nach dtuigeann tú go bhfuil tú faoi údarás sa teach seo agus nár chóir go mbeadh toil dá laghad de do chuid féin agat?

NUALA. Tuigim an méid sin—

MÁTHAIR. Tuigeann—ach ní chuimhníonn tú air!

NUALA. Cuimhneoidh.

MÁTHAIR. Bhí tú i do shaighdiúir, cloisim, sa saol amuigh?

NUALA. Ó, ní ghairfinn saighdiúireacht de,—bhí mé i gCumann na mBan.

MÁTHAIR. Má tá ar intinn agat teacht isteach i gCumann na mBan Rialta anseo, ní mór duit cuimhneamh ar chéad dualgas an tsaighdiúra: an féinsmachtú; gach ceangal pearsanta a chur i leataobh, gach ordú ón údarás a chomhlíonadh go cruinn, pras, pointeáilte.

NUALA. Ach tagann am an ghátair, *ma Mère*, nuair a chaithfidh duine gníomh a bheartú as a stuaim féin. Ní meaisíní sinn.

MÁTHAIR. Go maith. Tagann an t-am sin. Ach tá tú ró-óg, níl an croí faoi smacht agat, níl an toil oilte agat, chun an gníomh ceart ag an am ceart a bheartú go fuarchúiseach as do stuaim féin. I gceann daichead bliain, b'fhéidir, nuair a bheidh an croí ceansaithe agat, agus an spiorad múnlaithe agat ina mhiotal—mar atá i gclaíomh sin an Ardaingil—tamall fada amach seo, nuair a bheidh an tOrd Beannaithe seo againn á rialú agat—

NUALA. Ó, *ma Mère*!

MÁTHAIR. Suigh síos, *petite*, anseo in aice liom.

(*Suíonn an Mháthair agus cuireann sí ar Nuala suí ag a glúine, ar leibhéal níos ísle.*)

MÁTHAIR. (*go cinéalta*) Tá tú i ngrá, *chérie*? Tugann tú grá don Phoblachtach?

NUALA. (*ceann fúithi*) Tá meas agam air.

MÁTHAIR. Níorbh í sin mo cheist.

NUALA. Ó, *ma Mère*, is beannaithe liom an talamh a leagann sé a chos air!

MÁTHAIR. Ní raibh dul amú orm fút, a leanbh. Searc iomlán anama.

NUALA. Is mistéir dom an tsearc seo, mistéir glan amach. Níor thaitin an buachaill sin Armstrong riamh liom. Níor réitíomar le chéile. Ní chuirfeadh sé lia os mo leacht. Ach lá amháin, shábháil sé Emmet is againne ón mbás. Agus an mhaidin dár gcionn, tháinig mé air, é sínte i dtuí an sciobóil, fear tuirseach traochta, fuil an chatha stalctha ar a chuid gruaige—(*Briseann na deora go bog uirthi.*)

MÁTHAIR. Caoin leat, a chailín. Chonaic tú laoch.

NUALA. (*ag ardú a cinn, ag breith bua ar na deora*) Chonaic mé den chéad uair an rud sin ar a dtugtar "Éire". Ní aisling ná speabhraídí fileata a samhlaíodh dom, ach aghaidh, aghaidh scólta ag grian agus gaoth, agus an ghruaig ag titim go haimhréidh thar na súile dúnta: aghaidh ógfhir.

MÁTHAIR. Ach tháinig tú chugainn, a Nuala bheag, sa Chlochar isteach?

NUALA. Tháinig. Tuigeadh dom nárbh é an sórt grá é a gcuirtear críoch chollaí leis ar an saol seo. Bhrúigh mé fúm gach ar bhain leis, agus dhírigh mé m'aigne ar ghrá Dé.

MÁTHAIR. Ní raibh dul amú orm fút, a Normannaigh. Is mór agus is luachmhar agam an grá uasal féindiúltach sin agat. Tá an mianach ionat. An miotal céanna is atá i do dheartháir,—an cháilíocht sin ar a dtugtar an dílseacht.

NUALA. Bhí Emmet stuama stuacánta i gcónaí. Ó *ma Mère*, ná bí ró-dhian air sna cúrsaí seo; tá sé faoi chrá ag an dá dhílseacht, a dhílseacht don Arm is a dhílseacht dá sheanchomrádaí.

MÁTHAIR. Cogar, a thaisce, an ndéanfá rud orm?

NUALA. Má tá sé ar mo chumas.

MÁTHAIR. Tá mé chun sibh a chur go dtí an teach s' againne sa chathair, Maeisí agus tú féin, go ceann tamaill. Tá cead agat dul láithreach . . . más mian leat.

NUALA. (*go pras*) Rachaidh mé. (*Faoi racht imní nach féidir léi a cheilt*) Ó, ní fios duit an bhuairt aigne agus an crá croí ionam agus mé ag breathnú ar an mbeirt fhear sin agus iad ag ceapadh báis dá chéile! (*Éiríonn sí, faoi thaom histéire.*) Mo dheartháir, an dtuigeann tú? an duine ar lonraigh an ghrian riamh dom as a dhreach; rinneamar súgradh agus siamsa le chéile, d'oibríomar le chéile i ngort agus ar mhóinteán, agus is i bhfochair a chéile a chaitheamar féilte beaga geala an tinteáin. Agus an fear eile—an coimhthíoch! gan ceangal broinne, clainne, ná cairdis eadrainn—strainséir! ag teacht mar a bheadh nathair nimhe ann ag neadú i mo chroí. Ó, *na Mère*, dearbhaím duit gur crá croí, gur páis, agus gur fuath liom an bheirt acu!

(*D'éirigh an Mháthair le linn na hóráide sin.*)

NUALA. (*an tocht tráite*) Gabh mo leithscéal. D'imigh an teanga ó smacht orm.

MÁTHAIR. Is mian leat imeacht mar sin?

NUALA. Imeacht nó fanacht, is é an crá céanna é. Pé rud is mian leatsa, *ma Mère*, is mian liomsa é.

MÁTHAIR. Is mian liom go rachadh do dheartháir amach an doras sin . . . ina aonar! Tá tromchúram orm, *petite*. Chonaic tusa aghaidh Éireann ina luí sa scioból an mhaidin sin, ach tá aghaidh eile ar Éirinn na laethanta seo, aghaidh níos comónta, an aghaidh fidil laethúil a gcaithfimid cur suas leis ar an saol seo—

(*Cloistear cnagaireacht ghéar ar an doras sa bhalla, baintear stad as an mbeirt.*)

MÁTHAIR. Féach cé tá amuigh.

(*Osclaíonn Nuala an ghrátáil.*)

NUAL. Cé tá ann?

TEACHTAIRE. (*amuigh*) Teachtaireacht don Chaptaen de Búrca.

NUALA. Fan nóiméad le do thoil. (*Dúnann sí an ghrátáil, labhraíonn leis an Máthair.*) Duine éigin le teachtaireacht do mo dheartháir.

MÁTHAIR. Saighdiúir?

NUALA. Ní hea. Sibhialtach. Cuma siopadóra air—fear cathrach, sílim.

MÁTHAIR. Téigh chuig an teach aíochta agus faigh an Captaen. Fan,—cuir na gréithe sin as amharc. (*Cuireann Nuala na gunnáin as amharc i measc na mbláthanna.*) Labhróidh mé féin leis an teachtaire. Agus féach, a Nuala bheag—(*ag cur moille léi*)—tá mé ag brath ort. Is mian leat an Poblachtach a shábháil?

NUALA. Rachainn thar sceana nimhe ar a shon!

(*Imíonn Nuala amach. Siúlann an Mháthair go pras chuig an doras, tarraingíonn an bolta, agus osclaíonn don teachtaire.*)

MÁTHAIR. Tar isteach, le do thoil.

TEACHTAIRE. Go raibh maith agat.

(*Tagann an Teachtaire isteach. Fear seang, measúil, meánaosta; spéaclaí gan imill crochta ar a shrón, spota de chroiméal ar a bhruas, cóta mór néata uime, babhlaer ar a cheann, scáth báistí ar crochadh óna bhacán. Tá cuma ceannaí air agus blas na cathrach ar a bhéal. Is cneasta simplí ina iompar é, labhraíonn sé go ré-chúiseach, tagann meangadh beag taitneamhach i gcúinní a bhéil ó am go ham, agus folaíonn sé géire a intleachta ar chúl na ngloiní geala.*)

TEACHTAIRE. Tá sé ina aimsir bhreá chiúin, a Shiúr.

MÁTHAIR. Tá sin . . . (*le míniú*) má leanann sé.

TEACHTAIRE. (*ag gliúcadh uirthi thar bharra na spéaclaí*) Ó, leanfaidh, leanfaidh.

MÁTHAIR. Ach feicim gur rug tú do scáth báistí leat . . . ?

TEACHTAIRE. Ó, ar eagla na heagla, a Shiúr . . . ha-ha, eagla na heagla!

(*Suíonn sé gan iarraidh, síneann a ghéaga, déanann méanfach.*)

TEACHTAIRE. Gabh mo leithscéal.

MÁTHAIR. Tá tuirse ort?

TEACHTAIRE. Fonn codlata. An aimsir seo, tá's agat, tá sí roinnt meirbh, pas beag—mar a dearfá—*marfach.*

MÁTHAIR. Is cruinn agat an téarma.

(*Tost beag. Siúlann sí tamall uaidh. Is léir ón bpointe seo go bhfuil dhá chiall leis an gcomhrá.*)

TEACHTAIRE. Is clos dom go bhfuil Máthair Oirmhinneach, nó Banab, ón bhFrainc agaibh anseo?

MÁTHAIR. Tá.

TEACHTAIRE. Tá meas mór agam ar na Francaigh. Ar ndóigh, tá siad teasaí, ach san am céanna tá siad, a, iontach, a, *réasúnta.*

MÁTHAIR. Is dócha gur tháinig tusa ó Cheanncheathrú Ginearálta an Airm?

TEACHTAIRE. Ara, níor tháinig. Níl ionamsa, a Shiúr, ach jackeen sráide. Ón gcathair a tháinig mé. Le teachtaireacht chuig an ngasúr seo de Búrca. Gnó beag pearsanta.

MÁTHAIR. Tá meas agam,—againn go léir—ar an Rialtas nua Náisiúnta sin acu istigh. Is mór an dul chun cinn don tír é. Ach tá siad óg, níl taithí acu ar Stát a rialú, agus . . i gcúrsaí áirithe . . . thiocfadh leo botún a dhéanamh·

TEACHTAIRE. Gan dabht ar domhan. Thiocfadh le duine ar bith botún a dhéanamh. Tharlódh sé d'Easpag, nó do bhean rialta . . . fiú amháin do bhean rialta a tháinig ón bhFrainc. (*Agus gliúcann sé uirthi go soineanta thar bharra na spéaclaí.*)

MÁTHAIR. Tarlaíonn sé anois is arís go dtéann Rialtas nua thar a n-acmhainn. Déanann siad dearmad go bhfuil fórsaí eile ann seachas an Stát, fórsaí ar tábhachtaí agus ar stairiúla iad, b'fhéidir, ná an Stát féin. Is rud nua ar an saol an sórt Rialtas sibhialtach seo: Rialtas parlaiminteach liobrálach—

TEACHTAIRE. (*ag méanfach, agus ag cur isteach uirthi, mar a bheadh ceacht de ghlainmheabhair aige*) "Rialtas parlaiminteach liobrálach, bunaithe ar an daonlathas. Rialtas maolaigeanta macánta den mheánaicme chráifeach, gan stair, gan samhlaíocht, gan uasaicme éirimiúil, gan *mystique*, gan teacht aniar spioradálta. Rialtas *bourgeois* den sórt a athraíonn a sheolta de réir mar a shéideann gach nua-ghaoth eacnamaíoch."

MÁTHAIR. Is beacht atá sé agat.

TEACHTAIRE. Chuala mé an tiúin sin cheana, a bhean. Is minic an an tiún sin ina mbéal ag daoine macánta ar mó a gcleachtadh ar a gcuid paidreacha a rá ná a gcleachtadh ar arán laethúil na tíre a sholáthar ó lá go lá.

MÁTHAIR. "Ár n-arán laethúil"—sea. Ach tá abairt eile sa phaidir seachas "ár n-arán laethúil." An abairt a thagann díreach ina dhiaidh sin. Smaoinigh air. Beidh an Captaen chugat ar ball. Slán agat . . . a Theachtaire.

TEACHTAIRE. Go dté tú slán . . . a Shiúr!

(*Scuabann an Mháthair amach léi go maorga. Bogann an Teachtaire thart ag smaoineamh ar an rud a dúirt sí.*)

TEACHTAIRE. (*ag monabhar dó féin*)"Ár n-arán laethúil". . . "Tabhair dúinn inniu ár n-arán laethúil" . . . "agus—agus maith dúinn ár gcionta mar a maithimidne dóibh siúd a chiontaíonn inár n-aghaidh." "A chiontaíonn inár n-aghaidh." H'mh. Tá an phraiseach ar fud na mias ar an saol seo againn gan aon agó. (*Leagann sé súil ar an ráiteas atá scríofa ar chlár na deilbhe.*) *Ora Pro Nobis.* Sea mhaise, a Mhíchíl,—*ora pro nobis*!

(*Tá sé ag monabhar ar an gcuma sin nuair a thagann an Captaen isteach de shiúl gasta. Baintear stad as an gCaptaen ar fheiscint an duine eile dó, dearcann sé air go hamhrasach.*)

CAPTAEN. Dúradh liom go raibh teachtaire ag feitheamh liom.

TEACHTAIRE. An tusa an Captaen Emmet de Búrca den Arm Náisiúnta?

CAPTAEN. Is mé.

TEACHTAIRE. Cén t-am a tháinig tú isteach anseo ar maidin?

CAPTAEN. Ní fios dom go mbaineann sin leatsa, a dhuine chóir.

(*Tógann an Teachtaire cáipéis as a leabhrán nótaí agus síneann chuige é. Scrúdaíonn an Captaen í, imíonn athrú thar a dhreach, agus síneann ar ais í. Cnagann sé na sála le chéile "ar aire", agus beannaíonn le cúirtéis righin mhíleata.*)

CAPTAEN. Gabh mo leithscéal, a dhuine uasail. Níor aithnigh mé thú.

TEACHTAIRE. (*le maolgháire*) Is ar éigean a aithním mé féin go minic na laethanta seo! (*Le athrú tobann gutha*) Freagair mo cheist.

CAPTAEN. Tháinig mé isteach timpeall a haon déag ar maidin.

TEACHTAIRE. Agus tá níos mó ná trí uair a chloig caite agat gan do dhualgas a chomhlíonadh.

CAPTAEN. Tá deacrachtaí ann. Bhronn an Mháthair Oirmhinneach tearmann an Chlochair ar Armstrong.

TEACHTAIRE. Níor labhair an tEaspag faoin gceist sin go fóill; agus tá beartaithe againn nach labhróidh—go ceann tamaill! Tá fios do dhualgais agat, a Chaptaein.

CAPTAEN. Ach ní fios dom ceart an Airm ar an talamh seo—

TEACHTAIRE. Ní gá duitse do cheann a bhuaireamh faoin gceist sin a ógánaigh. Caitheann tú éide an Airm Náisiúnta, ionann sin is a rá go bhfuil tú faoi smacht míleata agus faoi ghéillsine ag an Stát. Is cuma cé na deacrachtaí—deacrachtaí *pearsanta* (*luíonn sé ar an bhfocal*) nó eile, atá ann, comhlíonfaidh tú ordú an Stáit.

CAPTAEN. (*go grod*) Cad é an t-ordú?

TEACHTAIRE. Beir leat Armstrong amach as seo. Sula labhraíonn an tEaspag.

CAPTAEN. Is gnách ordú míleata a scríobh, a dhuine uasail.

TEACHTAIRE. Ní bhfaighidh tú scríbhinn ar bith sa chás seo. Beir leat Armstrong. Ina bheo más féidir. Tá gluaisteán armtha ag feitheamh leis ag bun an lána amuigh, agus béarfar go Baile Átha Cliath é chun a thriail a sheasamh i gcúirt mhíleata mar namhaid don Stát.

CAPTAEN. Éist liom, a dhuine uasail. Ba Cheannfort, ba chara agus ba chomradaí liom an fear seo. Murach an fear seo, ní bheinn beo. Ar mhiste leat an dualgas seo a chur ar oifigeach eile?

TEACHTAIRE. Ní ligfear oifigeach eile isteach. Tá an t-ádh linn go bhfuil tusa istigh agus bá éigin ag na daoine seo leat mar gheall ar do dheirfiúr.

CAPTAEN. (*go searbh, trína fhiacla*) Mo dheirfiúr! Is mian libh úsáid a bhaint as mo dheirfiúr!

TEACHTAIRE. (*iarracht den trua ina ghlór*) Tráth cogaidh, a mhic, tráth cogaidh. Géilleann gach ceangal pearsanta do ghéarghá an náisiúin. (*Go giorraisc*) Cá bhfuil do ghunnán?

CAPTAEN. (*faoi chotadh, téann a shúile ar strae i dtreo chlár na deilbhe.*) An Mháthair Oirmhinneach, tá's agat, an Mère Michele—d'ordaigh sí—'sé sin le rá, ní cheadódh sí dúinn arm tine a iompar anseo istigh—

(*Tógann an Teachtaire piostal beag as a phóca agus síneann chuige é.*)

TEACHTAIRE. Seo duit.

CAPTAEN. (*ag meá an phiostail ar chlár a bhoise*) Bhfuil sé ceadaithe agam é seo . . . *a úsáid*, istigh anseo?

TEACHTAIRE. Cén fhad atá caite agat san Arm, a mhic?

CAPTAEN. Cúig bliana.

TEACHTAIRE. Ba cheart mar sin go dtuigfeá conas piostal a *úsáid.* Ach b'fhearr linn Armstrong ina bheo.

(*Cuireann an Captaen an piostal ina phóca, ní sa chumhdach. Crochann an Teachtaire a scáth báistí ar a bhacán agus cromann ar imeacht.*)

TEACHTAIRE. Cheana féin tá an cléireach óg ar a bhealach chun an Easpaig—ní bheadh sé de réir polasaí againn cosc a chur leis. Dá bhrí sin, níl mórán ama le spáráil agat. Níl le déanamh agat ach mo dhuine a bhreith amach: déanfaimidne . . . an chuid eile!

(*Seasann an Captaen ar aire, beannaíonn go míleata. Tá an Teachtaire ar a bhealach amach nuair a chasann sé ar ais, agus croitheann lámh go cairdiúil leis an gCaptaen.*)

TEACHTAIRE. Tá mé faoi chomaoin mhór agat, a mhic.

(*Amach leis agus dúnann sé an doras ina dhiaidh. Fanann an Captaen ina staic, é ag stánadh ar an láimh a chroitheadh. Bogann Murtach isteach, é ag cuimilt a dhoirn dá bhéal. Siúd leis i dtreo an dorais.*)

MURTACH. Féach air sin anois! Sin agaibh na mná rialta! "Coimeádfaimidne súil ar an doras," a deir siad, agus féach anois an diabhal bolta scaoilte ag duine éigin.

CAPTAEN. (*de ghlór íseal bagrach*) Fág an bolta sin scaoilte.

MURTACH. (*ag cur an bholta*) I gcead duit, a shaighdiúir, dá bhfeicfeadh Maimeo Bheannaithe an bolta sin scaoilte, bhainfeadh sí an bríste díom trí mheán na Fraincise! (*Tá an Captaen ag siúl síos suas go míshuaimhneach gan mórán suime á chur aige ina bhladar.*)

MURTACH. Ní ligfear duine ar bith isteach anois gan dispionsáid ó Phápa na Róimhe. Tá prionsabal i gceist, an dtuigeann tú? Mórphrionsabal. D'inis an Sagart Mór dom é. Aidh. An prionsabal sin ar a dtugtar an Ultra-na-mBan-Tónachas.

CAPTAEN. An bhfaca tú an Sagart Mór áit ar bith?

MURTACH. Chonaic mhaise. Tá sé ag bogadach thart ansin amuigh is é ag argóint faoi mhadraí agus rásaíocht cúnna leis an Nuasachán is nua againn—creatúr beag cráifeach darb ainm dó Armstrong. Tá sé ar intinn aige siúd dul sna Mná Rialta, ach tá mé ag ceapadh go mbeidh lán na lámh ag an Máistreás bhocht leis.

CAPTAEN. An Francach í siúd freisin?

MURTACH. An Mháistreás an ea? Dhera ní hea ná Francach!—Magaí de Paor as Port Láirge!

(*Tagann Armstrong agus an Sagart Mór isteach, agus Maeisí tamall chun deiridh orthu. Tá athrú le sonrú ar Armstrong, a chuid éadaigh agus a ghruaig níos sciomartha néata, fonn gáire agus meidhréise air. Ach is meidhir bhréige dó í, tá sé faoi straidhn, mar atá an Captaen agus gach duine eile ach Murtach a dheargann a phíopa agus a shuíonn droim le balla ar a shuaimhneas. Suíonn Maeisí chun cniotála, Armstrong ar leathrchorróg in aice léi, an Captaen ag cosaráil timpeall, an Sagart Mór ag cothú an chomhrá go fuastrach chun a mhíshuaimhneas a cheilt.*)

SAGART MÓR. (*ag leanúint den argóint*) Raiméis, a dhuine! Braitheann sé ar an aolchloch. An cú rása a thógtar ar thalamh aolchloiche, bíonn an mianach ann. Sin é an bua is mó atá agaibh i gCreagán na hAirne amuigh—an aolchloch—

MAEISÍ. A Emmet! Cheap mé gur imithe a bhí tú?

CAPTAEN. Beidh mé ag bogadh liom ar ball beag.

ARMSTRONG. Dhera, cén driopás sin ort? Nach bhfaighidh

tú do phá cuma cé acu istigh nó amuigh a chaitheann tú an lá?

CAPTAEN. Beidh siad ag fanacht orm, a Phacaí—amuigh.

ARMSTRONG. Abair leis na leads go léir go raibh mé ag cur a dtuairisce.

CAPTAEN. Beidh áthas mór orthu é a chlos, a Phacaí!

SAGART MÓR. Bhí mé ag rá, a Bhúrcaigh, nach féidir libhse cú fiúntach a bheathú ar thalamh an Ghleanntáin sin agaibh thíos. Tá an talamh ró-ramhar agaibh, ró-throm, talamh mall atá ann—

ARMSTRONG. Dála na muintire a mhaireann air!

CAPTAEN. (*le splaincín feirge*) Bheathaigh na Búrcaigh cú fiúntach amháin ar thalamh an Ghleanntáin.

SAGART MÓR. Rinne sibh sin! Mh'anam go ndearna. Is cuimhin liom í—Liúraicín, nó Ladhraicín, nó cén t-ainm a bhí uirthi—

MURTACH. Lúidín.

SAGART MÓR. Ceart! Lúidín an t-ainm.

MURTACH. Bitseach bhreac, le Lughaidh Mac Con, as Plúirín.

SAGART MÓR. Bhí an mianach sa Lúidín sin gan aon agó. An dea-phór. Ambasa, a mhic, dá bhfeicfeá í—an cliabhrach mar seo uirthi, an cloigeann caol, leath deiridh íseal—

MURTACH. Agus an croí a bhí inti, a Athair. Croí leoin.

SAGART MÓR. Ceart. Agus ba é an croí mór sin aici a thug a bás.

MURTACH. Fíor duit, a Athair. Mharaigh sí í féin.

SAGART MÓR. Bhí locht amháin uirthi. Bhí na cnámha dolúbtha inti. Sobhriste. Easpa na haolchloiche. Agus lá cúrsála ar an gCreagán amuigh—(*Insíonn sé an scéal go simplí, titeann tost aislingeach ar an muintir ag éisteacht leis*)—bhí sí ar shála an ghiorria. Seanlead. Seibíneach sléibhe. Chuir an bithiúnach sciotán gasta i leataobh de mar seo. Scinnfeadh cú ar bith eile béal a chinn ar aghaidh. Ach cad a rinne Lúidín?—sna featha reatha di, thiontaigh sí le luas lasrach i leataobh, agus plimp! bhris cnámh an droma inti. Chualathas an cnag beag ar fud na páirce, plimp! agus bhí Lúidín bhocht briste ina dhá leath. (*Súile móra brónacha ar Mhaeisí.*)

MURTACH. Bhí an miotal inti.

SAGART MÓR. An miotal a thug a bás.

(*An Mhāistreás isteach. Tost ar chách, gach duine ar a bhealach féin i ngreim ag inmhíniú an fhinscéil.*)

MÁSITREÁS. An bhfuil tú chun fanacht againn an lá ar fad, a Chaptaein?

ARMSTRONG. Tá! Is drogall leis a chosa a bhogadh ó chuir Maeisí anseo an coimeadar air.

MAEISÍ. Mo náire thú, a Phacaí.

CAPTAEN. Lig dó, a Mhaeisí. Tá sé mar a bhí gach aon lá riamh—béal mór na céille bige.

SAGART MÓR. Nílim leat, nílim leat sa mhéid sin, a mhic. Ní mó ná sásta atá mé le do chuid polaitíochta, a Phacaí, ach ní thig le duine ar bith a rá nach ndearna tú cion fir—

CAPTAEN. (*go teasaí*) Cad a rinne sé? Cad a rinne sé nach ndearnamar go léir? Cad a rinne sé nach ndearna Bob Mac Lochlainn ach go ndearna Bob níos ciúine éifeachtaí é agus nach raibh sé ag cosaráil thart ag ceapadh gur dia beag a bhí ann agus a ainm in airde ag na daoine?

MAEISÍ. Ach cuimhnigh, a Emmet, gurb é Pacaí a bheartaigh agus a chuir i gcrích gach troid agus gach luíochán.

ARMSTRONG. Ná bac leis, a Mhaeisí. Is cuma sa diabhal cad a rinne mé nó cad a rinne an duine eile san am atá caite. Ní hí sin an teist. Ach cad tá á dhéanamh againn anois, an lá atá inniu ann, ar son na saoirse agus ar son aidhmeanna stairiúla an náisiúin.

CAPTAEN. (*go ciúin, cruinn*) Is dócha gur chuir tú sluga piostail i Mac Lochlainn aréir ar son *aidhmeanna stairiúla an náisiúin*?

ARMSTRONG. Chuir.

(*Breathnaíonn an bheirt sna súile ar a chéile.*)

CAPTAEN. Tá tú dolúbtha, a Phacaí?

ARMSTRONG. Dolúbtha, a Emmet.

CAPTAEN. Dar Críost! molaim do mhiotal.

ARMSTRONG. Agus nílim gan meas a bheith agam ortsa, a bhuachaill. Tá tú mar a bhí i gcónaí—chomh stuacánta le miúil!

SAGART MÓR. 'Sí an traigéide í, an traigéide cheart chríochnaithe.

MÁISTREÁS. Má tá sí críochnaithe.

MAEISÍ. Ach nach dtig libh socrú éigin a dhéanamh, síocháin a cheangal eadraibh féin—

CAPTAEN. Ní orainne beirt a bhraitheann sé, a chailín.

ARMSTRONG. Thugais t'éitheach, a Bhúrcaigh. Is orainne beirt a bhraitheann sé. Is eadrainn beirt atá an Scoilt. Idir múnladh mheanma na beirte againn; idir ár gcroíthe is ár gcuimhní cinn, ár bhfuil, ár gcuislí, ár sinsearacht agus bainne na cíche a dhiúigeamar beirt. Níl ionainne beirt ach an dá scáil stairiúla. I gcónaí bhí an dá shórt ann, agus beidh an dá shórt ann i gcónaí: an Státaire, agus an Poblachtach. Fiú amháin má chuirtear Poblacht ar bun, beidh daoine ann chun éirí amach i gcoinne na Poblachta, agus daoine ag éirí amach i gcoinne an éirí amach. Go deo.

SAGART MÓR. (*as a mhachnamh*) Peaca an Ghairdín. Sea mhaise, is faoi pheaca an Ghairdín a mhairimid ó ghlúin go glúin.

MÁISTREÁS. Is ró-shimplí do theagasc, a Phoblachtaigh. Ní hí an stair a mhúnlaíonn an duine, ach an duine faoi ghrásta Dé a mhúnlaíonn agus a lúbann an stair.

ARMSTRONG. Corrdhuine. Tagann corrdhuine cruthaíoch Críostaí—boc nó bean aisteach éigin, ó am go ham— a fhéachann le ceangal marfach na staire a scaoileadh. Cailleann sé a lúth is a neart san iarracht, nó go mbristear é ag deireadh thiar faoi rothaí paiseanta patdiaga patdiabhlaí an Juggernaut.

CAPTAEN. Ní thuigim an rámhailleach seo agat.

ARMSTRONG. Ná bac liom. Tá mé ar meisce. Ar strae atá mé sa tromluí stairiúil.

MÁISTREÁS. (*go smaointeach*) Tuigim do chaint, a Cheannfoirt . . . tá aithne agamsa ar an duine dolúbtha.

SAGART MÓR. (*dó féin, mar a bheadh sé faoi gheasa ag an scéal*) Dolúbtha . . . sea mh'anam . . . Chualathas an cnag beag ar fud na páirce, plimp! agus siúd ina luí ar an bhféar í agus a droim briste ina dhá leath.

MURTACH. Bhí an mianach inti, a Athair.

SAGART MÓR. Bhí, mh'anam. Agus an croí paiseanta.

(*Nuala isteach go ciúin. Cloistear trumpa míleata an*

tSaorstáit á shéideadh tamall i gcéin. Comhtharlaíonn séideadh an trumpa agus iontráil an chailín.)

NUALA. Cad chuige a séidtear an trumpa?

ARMSTRONG. Trumpa an Aingil, á rá go bhfuil an tóin tite as an saol!

CAPTAEN. (*ag daingniú an chaipín ar a cheann*) Táthar ag glaoch orm.

ARMSTRONG. Ag cur do dhualgais i gcuimhne duit!

CAPTAEN. Seachain, a Phacaí—

ARMSTRONG. Ara, tá mé bréan díot, a shodaramáin! Ní féidir leat imeacht agus is crá croí duit fanacht, agus tá tú ag moilliú anseo ag tochas do thóna mar a bheadh fear déirce ag torramh.

CAPTAEN. Tuigim do chás. Tá tú ag séideadh fúm. Tá scrimisc bheag troda ag teastáil uait—

SAGART MÓR. Mh'anam nach gcuirfidh sibh scrimisc ar bith ar bun anseo—

MÁISTREÁS. Is fearr duit bheith ag imeacht, a Chaptaein.

CAPTAEN. Is leasc le Pacaí go n-imeoinn. Féachaigí air! Féachaigí ar an bPoblachtach breá béalscaoilte—agus deargnáire air ina chroí istigh de bhrí go bhfuil a sheanchomrádaithe in arm agus in éide ansin amuigh, agus gur istigh anseo atá sé féin ina bhéaltrodaire i measc na mban!

ARMSTRONG. Go breá, a bhodaigh. Más spairn bheag troda atá ag teastáil uait—

CAPTAEN. Ní theastaíonn. Tá mé ag imeacht. Ní fhaighim ionam lámh a leagan ort—

ARMSTRONG. Tá faitíos ort—

CAPTAEN. Tá. Faitíos nach dtuigim. Tá mé faoi gheasa éigin gan lámh a leagan ort. Brisfear mé. Is cuma. Beidh mé ag imeacht. Fágfaidh mé ag na mná rialta thú.
(*Bogann sé i dtreo an dorais*).

ARMSTRONG. Fan! Níl do chuid íobartha ná do chuid trua ag teastáil uaim. Ar aghaidh leat, más fear thú! Beir greim ar an bpríosúnach! (*Cuireann sé gothaí troda air féin.*)

CAPTAEN. A Thiarna dhil! Ná cuir d'iachall orm—

ARMSTRONG. A mheatacháin!

CAPTAEN. Tá go maith. Más mar sin is fearr leat é—(*ag tarraingt an phiostail as a phóca. Fágtar Armstrong ina staic faoi bhagairt an bhairille.*)

SAGART MÓR. (*ag féachaint le bac a chur leis*) Fóill, fóill, a Chaptaein—tá an fear seo faoi thearmann—

CAPTAEN. (*ag cur an tSagairt i leataobh lena láimh chlé, rabharta fuarchúiseach feirge faoi*) Fan amach uaim, a Athair! Seo agat deireadh do rása, a Phacaí Armstrong.

MÁISTREÁS. (*ag brostú amach*) Tá an Mháthair Oirmhinneach de dhíth orainn ar an láthair seo!

MAEISÍ. A Nuala! Déan rud éigin, abair rud éigin, ná fan i do bhalbhán ainsin—Ó, dá mbeadh an tAthair Jeaic againn!

ARMSTRONG. (*le domblas*) Ní dhéanfainn dabht díot, a Státaire!—piostal na feille i do phóca an t-am go léir.

CAPTAEN. A Athair Uí Chonchúir, ar mhiste leat bolta an dorais a scaoileadh?

SAGART MÓR. Mh'anam nach scaoilfidh mé. Ní heagal liom thú ná fiche ruifíneach de do shórt! Ní haon chabhair duit do giota beag gunna a dhíriú ormsa.

CAPTAEN. Ní ortsa atá sé dírithe. Murab áil leat fuil an Phoblachtaigh ar an talamh seo istigh, scaoil an bolta.

SAGART MÓR. Ní bheadh sé de bharbarthacht ionat—

ARMSTRONG. Bheadh. Tá seanaithne agam ar an mbodach seo. Déan, a Athair, mar a deir sé leat.

SAGART MÓR. Damnú orm má dhéanaim!

CAPTAEN. Tá go maith, a Phacaí. Scaoilfidh tú féin an bolta. (*Scaoileann Armstrong é faoi bhagairt an ghunnáin. Folaíonn Maeisí a haghaidh ar ghualainn Nuala.*)

CAPTAEN. Oscail an doras.

(*Cuireann Nuala an cailín eile uaithi, agus tagann sí chun tosaigh, suaimhneas rúnda ina dreach.*)

NUALA. (*de ghlór íseal*) An éistfidh tú liom, a dhearth- áir?

CAPTAEN. Ní éistfidh.

NUALA. 'Sé glór do mháthar atá ag glaoch ort i mo ghuth.

CAPTAEN. Ní éistfidh mé leis.

(*Preabhann sí go fíochmhar chuige gan aird ar fhoráileamh Armstrong: "Fan amach uaidh, a chailín!" Déanann sí iarracht dul i ngleic choimhlinte leis, ach cuireann an*

Captaen a lámh chlé san aghaidh uirthi agus caitheann siar í de shunc fuinniúil a leagann spréite ar an talamh í. Snaganna feirge ag réabadh fúithi. Maeisí chuici ag cabhrú léi.)

MAEISÍ. A ainmhí!

SAGART MÓR. Maistín míthrócaireach mínádúrtha! Clann na haonmháthar—

CAPTAEN. Oscail an doras, a Phacaí.

(*Osclaíonn. Ciúnaíonn Nuala go tobann, suíonn siar ar a gogaide, sracann an fhallaing dá ceann, agus scaoileann a cuid gruaige ar a guaillí anuas. Cuireann sí a lámh i measc na mbláthanna ag bun na deilbhe.*)

NUALA. (*de chogar alltachta*) A Emmet de Búrca!

CAPTAEN. (*a dhroim léi*) Tá an crann curtha.

(*Sméideann sé den ghunnán ar Armstrong bheith ag bogadh leis, tugann sé féin coiscéim chun tosaigh. Tógann Nuala piostal beag Armstrong as na bláthanna amach, díríonn, scaoileann. Buailtear an Captaen idir na slinneáin, cnagtar ar aghaidh é no go dtiteann sé ar a bhéal faoi ar an talamh.*)

ARMSTRONG. A Chríost mhilis!

(*Dúnann sé an doras de phlab, seasann agus a dhroim leis. Brostaíonn an Sagart Mór agus Murtach chun fóirthint ar an gCaptaen atá i ríocht báis.*)

MAEISÍ. Crois, páis, is céasadh Chríost ár sábháil! (*Ag deifrú amach*) A Mháistreás! A Mháistreás! A Mháthair!

SAGART MÓR. Fuil gheal a chroí lena bheola—Ó, nach í an tubaiste go ngealfadh a leithéid de lá ar an saol! Ardaigh a cheann. A Thiarna Dia! Clann na haon-mháthar—

(*Tá Nuala ina suí ar a sála, an piostal tite óna láimh, an ceann cromtha, an ghruaig silte thar a aghaidh, í chomh ciúin le dealbh, an racht tráite inti. Téann Armstrong chuici.*)

ARMSTRONG. (*ag leagan láimhe ar a gualainn*) Conas atáthar agat, a Nualaitín?

NUALA. (*le gealgháire*) Bhí mé ag brionglóideach ort, a Phacaí. Samhlaíodh dom go raibh tú caillte san oíche amuigh. (*Cabhraíonn sé léi éirí.*) Nach dorcha atá an oíche inár dtimpeall.

ARMSTRONG. Is dorcha, a leanbh.

(*Tosaíonn an Sagart Mór ag aithris: "Ó a Dhia, tá doilíos croí orm . . ." i gcluais an Chaptaein.*

NUALA. Is fada mé ag feitheamh leat i gclapsholas na coille seo. Bhí eagla orm. Chuir scáileanna dubha na gcrann eagla orm. (*Snaidhmeann sí a géaga thar a mhuineál.*) Ó, a Phacaí, a Phacaí, is tú mo ghrá geal, is tú céadsearc mo chroí. (*Teannann sí chuici é agus pógann a bhéal go paiseanta. Cloistear glór an tSagairt: "Ó a Dhia, tá doilíos croí orm . . ." Fuasclaíonn Armstrong é féin go cneasta uaithi. Déanann Nuala scigireacht bheag gáire.*) Páiste gréine—ha-ha! chuala mé na cailíní á rá, go saolaítear páiste gréine don chailín a phógann fear, i gcoill Chreagán na hAirne anseo. Ach ní fíor é, abair liom a Phacaí, nach fíor é!

ARMSTRONG. (*dó féin, trína fhiacla*) Ní fíor. Ní shaolaítear rud ar bith don ghrá ar an talamh seo ach an bás.

(*Glór an tSagairt: " Ó a Dhia, tá doilíos croí orm . . . preabann Armstrong anonn mar a bhfuil gunnán an Chaptaein tite ar an talamh agus piocann suas é.*)

ARMSTRONG. (*i gcogar fíochmhar le Murtach*) Tabhair aire di! An cailín bocht, tá sí as a meabhair ar fad.

MURTACH. Cá bhfuil tú ag dul?

ARMSTRONG. Beidh siad ag briseadh an dorais isteach chugainn. Ní tearmann dom Éire leathan tar éis obair an lae seo.

(*Brostaíonn sé chuig staighre briste an tseantúir. Moillíonn go dtugann sracfhéachaint deiridh ar an radharc. Tá ceann de na nóiníní gorma ina glaic ag Nuala, meangadh beag gáire ar a béal, í ag baint na bpiotal den bhláth ina gceann is ina gceann is ag ligean dóibh foluain go talamh.*)

ARMSTRONG. A Chríost mhilis, déan trócaire uirthi. Agus ormsa. Agus orainne go léir atá ciontach i ngoldráma fuilteach na féile seo.

(*Siúd leis de rith ar an staighre suas go dtéann sé ar snámh boilg thar an mballa amach. Tagann an Mháistreás isteach faoi dheifir. Brostaíonn sí chuig Nuala agus beireann barróg uirthi.*)

NUALA. (*go páistiúil*) Ó, a mhaimí, Bhíomar ag troid. Sa

ghairdín. Emmet agus mé féin. Bhris . . . bhris rud éigin. Chuala mé an cnag. Ó, a mhaimí—an cnag, an cnag, cloisim an cnag i mo chluasa—(*Folaíonn sí a haghaidh ar bhrollach na Máistreása.*)

MÁISTREÁS. Seo, seo, seo, a leanabáin. Ní eagal duit a thuilleadh. Cumhdóidh mise thú.

(*An Mháthair isteach. Mallchoisíocht fúithi, faoi mar a thitfeadh an aois go tobann uirthi.*)

MÁISTREÁS. (*ag stánadh uirthi thar ghruaig scáinte an chailín*) Anois, *ma Mère*, an bhfuil tú sásta?

(*Déanann an Mháthair lagiarracht teacht anuas céim nó dhó óngcasán; is eagal di titim. Brostaíonn Murtach chuici ag cabhrú léi.*)

MÁTHAIR. An croí, a Mhurtaigh . . . an fealltóir croí . . . ag loiceadh orm. Tagann an tubaiste seo orm as an spéir ghlan. Bhí mé ag iarraidh an dá thaobh a bhreith liom, an dtuigeann tú, a Mhurtaigh, an dá thaobh . . . ag iarraidh dul eatarthu—*enfants de la patrie*. Ní raibh mé ag súil leis an bpaisean míofar as cuimse seo—

MURTACH. Ná bac leo, a Mhaimeo. Ní fiú seile do bhéilín bheannaithe ceachtar den dá thaobh.

MÁTHAIR. An fear eile?—cá bhfuil sé?

(*Déanann Murtach comhartha gonta ordóige i dtreo an bhalla. Go tobann tosaíonn snagarnach an mheaisínghunna amuigh . . .*)

FINALE

(*Déantar na fuaimeanna, na glórtha, agus grúpáil deiridh na gcarachtar a chomhghléasadh:—*

Snagarnach an mheaisínghunna ina cuislí ón taobh amuigh.

Glór an tSagairt ag aithris phaidir an aithreachais i gcluais an Chaptaein.

An Mháthair ar a glúine, an Chrois airgeata in airde aici. Ceann an Chaptaein á ardú ag Murtach go mbreathnóidh sé ar an gCrois.

An Mháistreás ina seasamh agus ceann Nuala folaithe ar a brollach aici, suantraí ar siúl go bog aici.

Maeisí ag éalú isteach go gcaitheann sí í féin os comhair na deilbhe agus an phaidir: "Agnus Dei, qui tollis peccata mundi, dona nobis pacem," a haithris aici trí chuislí na

gunnaíochta. Clog an Chlochair á bhualadh go mall marbhánta.
Téann na fuaimeanna, na glórtha, agus an solas i léig, go dtí nach bhfanann lasta ach dealbh an Ardaingil agus an claíomh geal ag glinniúint. Séidtear an trumpa.)

BRAT